서고, 걸으면 된다

서고, 걸으면 된다
— 시냅스를 자극하라

2022년 4월 20일 처음 펴냄

지은이 | 윤봉근
엮은이 | 해처럼달처럼사회복지회
펴낸이 | 김영호
펴낸곳 | 도서출판 동연
편 집 | 최은실 김구 김율 이새한 디자인 | 황경실 윤혜린
등 록 | 제1-1383호(1992. 6. 12.)
주 소 | 서울시 마포구 월드컵로 163-3
전 화 | 02-335-2630
팩 스 | 02-335-2640
이메일 | h-4321@daum.net

Copyright ⓒ 윤봉근, 2022

ISBN 978-89-6447-776-2 03300

서고,
걸으면
된다

시냅스를 자극하라

윤봉근 지음
해처럼달처럼사회복지회 엮음

동연

재활의학의 철학은 "구조된 생명을 살 가치가 있고, 살 의욕이 넘치는 생명"으로 만드는 것이다.

신체 기능의 일부가 손상 되었을 때, 이 결손된 신체 기능을 훈련(배우고 익힘)을 통해서 그가 이룩할 수 있는 최고의 수준까지 끌어올림으로써 최상의 삶의 질을 누릴 수 있도록 해 주는 것이다.

새로운 건강관·질병관은 사람의 상태를 1) 건강의 상태, 2) 불건강의 상태 그리고 3) 질병의 상태로 구분한다. 건강은 잃었으나 아직 병적 상태는 아닌 단계 또는 병은 나았는데 아직 완전 건강은 아닌 회색지대(gray zone of health)를 불건강(不健康), 아건강(亞健康) 또는 미병(未病)이라 부른다. 다시 말해서 건강과 병 사이에 끼어 있는 건강도 아니고 병도 아닌 상태를 미병(未病)이라 한다는 뜻이다.

여기 미병의 개념은 장애(障碍) 상태에도 적용이 된다. 사람의 상태를 1) 건강, 2) 미장애, 3) 장애로 구분할 수 있다는 말이다. 이 중 신체 기능의 일부가 손상되었는데 아직 장애라고 할 수준은 아니거나 확인된 원래 장애는 많이 회복되었으나 아직 완전 건강이 아닌 상태를 미장애(未障碍)라 부른다. 이런 관점에서 본다면 대부분의 인간은 미장애인(未障碍人)에 속한다. 아직 장애인은 아니라는 말이다.

앞으로 다가올 미래의학의 주축은 바로 이 미병 또는 미장애를 잘 다루는 분야가 될 것이다. 장애에는 1) 장기(臟器) 차원의 장애, 2) 개인(個人) 차원의 장애, 3) 사회(社會) 차원의 장애가 있다. 예를 들면 심장에 병이 있어서 심장 기능이 떨어지면 장기 차원의 장애이고, 이 때문에 제대로 걷지도 뛰지도 못하면 개인 차원의 장애이며, 또 이 때문에 사회적 역할(예를 들어 선생 노릇, 의사 노릇 등)을 못하면 사회적 장애라 한다. 장기 차원의 장애는 임상적으로, 개인적 장애는 재활로, 사회적 장애는 제도로 풀어야 한다.

성공적인 재활의 구비 조건은 1) 환자의 회복 잠재력, 2) 심리적 동기 부여, 2) 가족·사회적 지지 그리고 3) 잘 짜인 전문 의료진이다.

재활의료의 사회적 시스템의 수준이 그 나라의 선진도와 직결된다고 볼 수 있다. 한 나라의 복지 수준은 그 나라의 선진도와 비례한다.

빈곤한 개발 후진국에서는 장애인을 일반 길거리에서 흔히 볼 수 있다. 생계를 위해 직접 길거리로 나오기 때문이라고 한다. 반대로 개발도상국에서는 상가나 길거리에 나다니는 장애인들이 별로 눈에 띄지 않는다. 주로 공공 수용시설에 수용돼 있기 때문이라는 설명이었다. 그런데 소위 복지선진국의 분위기는 사뭇 다르다. 장애인들이 상대적으로 많다는 인상을 받게 된다는 것이다. 장애인들이 상가이건, 관공서이건, 학교이건, 길거리이건 어디나 별 불편 없이 자유롭게 활동하기 때문이다. 장애인과 비장애인들이 한데 어우러져 조화롭게 살아가는 참된 복지사회의 모습이다.

문제는 이렇듯 바람직한 복지사회를 이룩한 나라는 이 지구상에 별로 많지 않다는 것이다.

우리나라는 복지사회를 이루는 방향으로 과거에 무척 빠른 속도로 발전해 왔고 지금도 놀랍게 변모해 가고 있는 과정에 있으나, 우리 모두가 기대하고 있는 이상적 복지국가가 만들어지기까지는 더 많은 노력과 시간이 필요함을 우리는 다 알고 있다.

이러한 시점에 시기적절하게 나타난 윤봉근 회장님의 신간『서고, 걸으면 된다』는 참으로 반가운 소식이 아닐 수 없다.

이 책은 어떤 한 장애인의 개인적 체험담을 단순하게 기록한 것도 아니요, 경험 많은 재활의학 전문가의 임상 체험담을 열거한 것도 아니며, 어려운 내용의 해부 생리 병리의 이론을 알기 쉽게 풀어 논 교양서적도 아니며, 또 어떤 정치가나 정책 수립가의 복지정책 설명서적도 아니다.

저자 윤봉근 회장은 지난 30여 년을 본인 스스로가 척수 장애인으로 살아오면서, 자신의 장애를 극복하기 위한 올바른 치료 관리법을 찾아보려고, 나보다 더 어려운 다른 장애인들을 도울 수 있는 방법을 찾아내려고, 모든 장애인들이 골고루 혜택을 누릴 수 있는 정책 지혜를 얻으려고, 장애인과 비장애인이 조화롭게 어우러져 사는 이상적 복지사회 구축을 위하여 부단히 희생적 노력해 왔다.

이러한 노력의 과정 속에서 장애 치료관리 전문가와 전문시설의 부족을 경험했으며, 비장애인과 일반 사회의 장애인에 대한 이해 부족, 도로와 건물의 물리적 구조적 불편, 직업 전선에서의 불공정 불평 등의 체험, 복지정책 개선 노력에 대한 소귀에 경 읽기식 반응, 장애인 자신들을 스스로 도우려는 자체 조직 활동에 제약 등을 체험했다.

30여 년 동안 스스로 장애인으로 살아온 삶의 체험, 기초의학 학습을 통한 장애의 이해, 장애 극복에 있어 훈련의 중요성 공부, 좌절 기억을 통해 더 강해진 용기, 나 자신이 나를 가장 잘 도울 수 있다는 자신감, 사회적 몰이해를 통해 더 밝아진 지혜, 더 불우한 다른 사람을 돕겠다는 동기부여, 뜻을 같이하는 동료들과 늘 같이 할 책임감, 복지정책 개선을 위한 공동 노력의 의무감, 반항에 부닥칠지도 모를

과감한 제언 등을 장애인의 시각으로 인상적이고 감동적인 언어로 녹여 넣었다.

윤봉근 회장의 새 책『서고, 걸으면 된다』는 장애인, 비장애인, 의료인, 비의료인, 건강 분야 전문가, 연구가, 학생들 모두가 읽어 볼 만한 건강 교양서로 추천한다.

전세일
전) 연세대학재활병원 원장

윤봉근 회장의 『서고, 걸으면 된다』는 책을 받았습니다. 『해처럼 달처럼』, 『장애정보 가이드』, 『장애예방 및 재활정보 가이드』에 이어서 네 번째 책을 내신 것에 그 마음이 느껴집니다.

책을 쓴다는 것은 글을 많이 읽고 이론적인 공부를 하고, 연구를 한 후에 전문가가 되어 할 수 있는 일이라고 할 수 있습니다. 그와 다르게 윤봉근 회장은 중도 장애인이 되어 재활을 하고, 자신의 경험으로 책을 씁니다. 자신의 경험을 통해서 그러나 경험을 정리하는 수준이 아니라 장애인들에게 필요한 정보를 담아서 책을 저술하였습니다. 1990년대 중반 그의 책은 전국의 장애인복지관 등 장애인 관련 기관에 배포되어 전국의 장애인들에게 많은 도움을 주었습니다. 장애를 얻은 후 갖게 되는 혼란과 고통, 좌절과 고난 그리고 그 막막함…. 누구에게 도움을 청하고 내가 장애를 갖고 어떻게 살아가야 할지 잘 모르고 절망할 때 윤봉근 회장의 책은 한 줄기 빛과 같았습니다. 하나하나 자신의 경험에서 그리고 윤 회장의 삶에 대한 적극성으로 필요한 정보와 자료를 정리하고 그것이 책이 되고, 삶으로 다른 장애인들에게 빛이 되었습니다.

그리고 20년이 훌쩍 지나 다시 책을 썼습니다. 그의 책은 삶으로 쓰는 책입니다. 간간이 윤 회장님의 소식을 듣습니다. 무연고자의 장례를 돕고, 장애인들을 돕고, 자신의 몸이 망가지고 힘들고 괴로운 것은 아랑곳하지 않고 누구도 돕기 꺼려하고 힘들어하는 약자들을 향해 나아갑니다. 돈으로 돕는 것도 아니고 기관의 힘으로 돕는 것도 아닙니다. 그의 약자에 대한 사랑과 정성, 그 열정이 타인을 돕는 힘이 되고 변화를 만듭니다. 얼핏 미련해 보이기도 합니다. 자신의 잇속을 챙기는 것 없이 누구에게도 주눅 들지 않고 약자를 위해 헌신합니다. 그 결과가 이번 『서고, 걸으면 된다』라는 책이 되었습니다.

'발목 밀기와 발목 뻗기'라는 말은 의학적인 용어가 아닙니다. 그의 정성으로 재활 과정에서 장애인에게 도움을 주었던 것이 효과가 있었고, 그것을 수십 년 간 경험으로 전문성을 키웠습니다. 자신의 경험적 치료 방법이 실제 장애인들에게 효과가 있는 것을 확인하고 계속해서 여러 장애인들에게 도움을 주었고, 그것을 더 많은 장애인에게 도움을 주고자 책으로 출간하였습니다.

시냅스라는 말은 신경세포와 신경세포가 통신하는 접합부라고 합니다. 마비가 되어 걷지 못하고 손을 쓰지 못하는 등의 문제가 신경과 연관되어 있기에 시냅스를 제대로 자극하니 장애인들의 재활에 큰 도움이 되었습니다. 발목밀기와 발목뻗기가 시냅스를 자극하는 것이라는 과학적 근거를 알게 되고, 그 치료 방법이 이론적 근거를 확보할 수 있었습니다.

이 책은 그런 윤 회장의 도전이 담긴 책입니다. 의학이나 치료 분야에 자격증이 없는 현장에서의 경험으로 자신이 실제 수십 년간의 경험을 통해서 얻은 치료의 방법을 한명 한명 발목 밀기와 발목 뻗기를 통해 이루었던 것을 책을 통해서 확산시키고자 합니다.

저는 재활 분야의 의료 전문가가 아닙니다만 그의 책이, 그의 정성이, 그의 장애인을 향한 긍휼의 마음이 세상을 밝히기를 희망할 뿐입니다.

이 책이 널리 많은 장애인에게 전달되어 실제적인 도움을 받기를 바라며 이독을 권합니다.

조준호
사회복지법인 '엔젤스헤이븐' 이사장

30년 전에는 재활이 뭔지도 몰랐습니다.

1992년 3월 꿈결에 아이 울음소리를 들으며 '내 아이도 태어날 때가 되었을 텐데' 생각하는 순간, 나는 눈을 떴습니다. 사고 후 병상에 누운 지 40일이 경과된 날이었습니다. 그동안 수차례 수술을 받았고, 문병 온 분들과 대화도 했다는데 깨어보니 아무것도 기억나지 않아 무서웠습니다.

태어나면서 시공간을 넘어 나를 깨웠던 딸이 서른 살이 되었습니다. 돌이켜 보면 절망적일 때 태어난 딸과 가족, 친구들의 관심과 사랑이 제 인생의 버팀목이었습니다. 지난 30년은 어린 딸을 지켜 주고픈 간절함으로 버텨온 시간이었습니다. 제 몸도 건사하지 못하는 아들과 손녀를 돌봐 주고 키워 주신 부모님은 세상을 떠나셨지만 하늘나라에서 우리 부녀를 지켜 주시리라 믿습니다.

휠체어 없이는 움직이지 못하지만, 더 어려운 이웃을 사랑하라는 소명으로 믿고 『(해처럼 달처럼) 장애예방과 재활정보 가이드』 다음으로 드디어 네 번째 책 『서고, 걸으면 된다』를 탈고했습니다.

꿈에도 생각하지 못했던 장애는 많은 것을 알게 하였습니다. 무엇보다 작은 것에도 감사할 줄 알게 되었습니다. 감사한 마음은 더 어려운 처지의 장애인과 사회적 약자들을 찾아다니게 했습니다. 손으로만 운전할 수 있는 차가 있어 감사해하면서 매년 수십만 킬로미터를 달렸습니다.

방문해 보면 재활의 기초조차 몰라 회복할 수 있는 중요한 시기를 놓친 이들이 많이 있었습니다. 뇌·신경 손상을 입은 이들이 간단한 몇 가지 동작만으로도 감각과 운동기능을 일정 부분 회복할 수 있었는데 안타까움만 컸습니다.

비슷한 처지에 있는 분들을 위해 작지만 소중한 정보를 전하고픈 마음에 책을 만들고 싶었지만 어떻게 해야 할지 몰라 사회복지법인 은평천사원의 조규환 회장님을 무작정 찾아갔습니다. 당시 조 회장님은 이름만 듣고 방문한 나를 초면임에도 따뜻하게 맞아 주셨고, 복지 관련 일이라면 무조건 도와주셨습니다.

덕분에 『해처럼 달처럼』(1995)과 『장애 정보 가이드』(1997)가 세상에 나올 수 있었습니다. 1959년 전쟁고아들을 돌보는 일을 시작해 사회복지법인 '엔젤스헤이븐'(구 은평천사원)을 설립하고, 지금은 은퇴하신 조 회장님은 나눔과 복지가 무엇인지 깨닫게 한 저의 복지 스승입니다.

30년 전에는 재활이라는 말이 있는지조차 몰랐습니다. 장애를 가진 지 1년이 지나서야 연세대학교 세브란스병원에 재활병원이 있다는 것을 알았습니다. 이곳은 1952년 우리나라 최초로 물리치료를 시작했고, 1987년 신축 건물을 완공했습니다. 장애와 비장애인들의 장애 예방과 재활 과정을 돕는 책자를 준비하면서 짧은 기간 연세대학교 재활병원의 입원 치료 과정을 경험할 수 있었습니다. 가뭄에 단비 같은 소중한 체험이었습니다. 그곳에서 평생 재활 스승인 전세일 원장님을 만났습니다. 미국에서 의대 교수로 계시다가 1988년에 한국에 온 원장님의 지도와 재활 전문가들의 도움으로 세 번째 『(해처럼 달처럼) 장애예방과 재활정보 가이드』(1998) 책자가 완성되었습니다.

사회복지공동모금회 박을종 전 총장님의 도움으로 1,500권을 전국 복지 관련 기관과 단체에 전달할 수 있었습니다. 지금은 성동구립 성수종합사회복지관 관장님으로 계시며 진정한 사회복지 지도자의 본이 되시는 분이십니다.

연세대학교 재활병원 재활 과정에서 발목 경직을 막기 위해 시작한 발목 밀기와 발목 뻗기는 재활 운동에 도움이 될 것 같아 시작한 것인데 뜻하지 않은 기능 회복을 불러와 깜짝 놀랐습니다. 그러나 그 이유가 시냅스가 뇌를 활성화시켰기 때문이라는 사실을 깨닫지 못한 채 30년 세월이 주마등처럼 지나갔습니다. 조금 더 일찍 알았다면 뇌와 신경 손상으로 인한 인체 기능 회복을 위해 더 체계적인 대안을 만들 수 있었는데 하는 아쉬움이 큽니다. 그러나 이제 회복의 이유를 알았으니 지금부터가 또 다른 시작이라고 봅니다.

통계에 따르면 매일 산업재해로 6명이 목숨을 잃고, 300명이 부상을 당합니다. 그리고 이러한 갖가지 부상은 평생 장애로 이어지는 경우가 많습니다. 또 사고가 아니어도 뇌졸중 등으로 매일 장애를 입는 사람 역시 헤아릴 수 없이 많습니다. 사람은 장애를 갖기 전까지는 자신은 장애를 갖지 않을 것이라는 막연한 자신감을 갖는 특징이 있습니다. 저 역시 그랬습니다.

여러분들의 도움으로 지난 30년 동안 축적된 경험과 인체 회복 운동 재활 정보를 책자로 정리했습니다. 모쪼록 이 책자가 국민 모두의 건강과 장애인과 나아가, 전 세계인들에게 희망이 되기를 바랍니다.

이렇게 시작된 필자의 고투에 저보다 더 폭넓은 지혜와 지식을 소유한 건강한 여러분들의 연구와 경험이 더해진다면 실용적이고 발전된 높은 수준의 인체 회복의 길이 열릴 것이리라 기대합니다.

하나 아쉬운 것은 동영상 시대에 책자에서 영상을 올릴 수 없어 매우 안타까운 마음입니다. 또한 간단한 동작 같지만, 사람 얼굴과 체형이 다르고, 손상 정도와 회복력 차이가 있는 만큼 각 사람에 맞도록 회복운동 방법이 달라 아직도 배운다는 마음으로 하고 있습니다.

다만 30년의 수많은 분들을 경험한 공통적인 메커니즘을 이용해 간단해 보이지만 적용의 깊이와 차이가 있을 뿐입니다. 단순하게 기계적인 관점에서가 아니라 뇌와 인체의 연관관계의 메커니즘을 이해하고 적용할 때 그 회복의 차이가 있음은 분명합니다.

누구에게나 해처럼 달처럼 낮과 밤의 작은 빛이 되어주고 싶은

해처럼달처럼사회복지회

윤봉근

3부 _ 예방과 재활

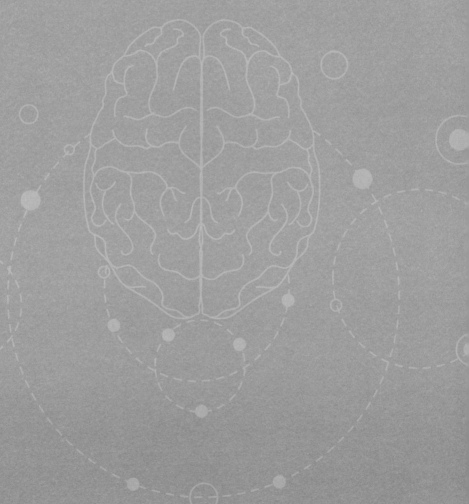

1부

장애, 재활 그리고 시냅스

1장

서고 걸으려면 시냅스를 깨워야 한다

1. 마비 장애와 재활

1) 마비 장애란

마비 장애는 운동과 감각기능이 완전 또는 부분 마비로 스스로 생활이 불가하거나 어렵게 되는 것을 말한다. 뇌신경 세포에 문제가 생기면 관련된 신체 부위는 기능을 멈추거나 신호 전달만큼만 기능을 한다. 환자는 서고 걷지도 못하고, 눈을 뜨거나 말하는 것조차 어렵게 되기도 하며 소·대변 감각의 상실로 배설과 제어가 안 되는 등 여러 복합적인 기능의 손실로 대부분 누워서 생활하게 된다. 신체의 좌우 한쪽의 장애를 뜻하는 편마비 역시 반대편 팔과 다리에까지 연동되는 기능의 저하로 타인의 도움 없이는 생활이 어렵게 된다.

이러한 마비 장애의 재활이란 신체의 잔존기능을 최대로 회복시

켜 일상으로의 복귀를 돕는 것이고, 기능을 회복시키는 과정을 이해
하려면 먼저 뇌의 시냅스 기능에 대해 알아야 한다.

2) 카이스트 생명과학과 김은준 교수가 말하는 시냅스의 기능(신경세포와 시냅스)

우리 뇌에는 1.4kg의 신경세포가 1,000억 개 존재하고, 그 신경
세포 하나에 약 1천 개의 시냅스가 있어 총 100조 개의 시냅스가
우리 뇌에 있다. 시냅스란 신경세포 안의 신경전달이 일어나는 물리
적인 장소로 신경세포와 신경세포가 통신하는 접합부다.

신경세포는 크게 수상돌기(나무뿌리처럼 생긴 안테나 역할), 세포체,
축삭돌기 끝에 신경 말단이 있고, 그 안에는 신경전달물질이 보관되
어 있다. 세포 몸체에서 흥분이 일어나 긴 축삭을 따라 내려오다가
신경 말단에 이르면, 저장되어 있던 신경전달물질이 밖으로 유리 분
비하여 아주 짧은 거리를 이동해서 반대편에 있는 또 다른 시냅스
뒤쪽에 있는 수용체의 단백질 신경전달물질이 붙으면서 즉시 수용체
가 활성화되고, 어떤 신호가 발생하여 두 번째 신경세포 쪽으로 안테
나를 따라 이동하게 된다. 이런 신호들이 많이 모이게 되면 두 번째
신경세포가 다시 흥분되는데 다음 그림을 보면 시냅스를 통해 첫 번
째 신경세포에서 두 번째 신경세포로 흥분의 신호가 전달된다고 한다.

지금까지 규명된 단백질은 100여 종. 그중 10여 종을 카이스트
생명과학과의 김은준 교수가 규명해 냈다. 김 교수가 발견한 10여
종의 단백질들은 시냅스 형성 및 유지와 관련된 단백질들로 대표적
인 단백질로는 'SHANK'(생크)와 'PSD95'(Post-Synaptic Density 95) 등

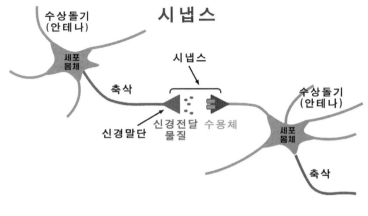

신경세포와 시냅스

이 있다. 'SHANK'의 경우 정신지체 및 언어 장애와 관련이 있으며 'PSD95'의 경우 기억 및 학습 능력과 연관이 있다고 한다(김은준 교수의 시냅스 강의 발췌).

지난 30년 동안 발목 밀기로 손실된 신체의 기능이 회복되는 이유를 알고자 노력했으나 알 수 없었다. 그러다 3년 전 시냅스가 뇌를 활성화시킨다는 의학 정보를 보고 비로소 그 이유가 납득되었고, 시냅스의 세계적 권위자이신 카이스트 김은준 교수가 계심에 띌 듯이 기뻤다.

당황스러울 정도로 더 놀라웠던 사실은 시냅스 자극으로 인한 신체 회복 임상은 세계 최초라는 것이다. 물론 김은준 교수는 시냅스뿐 아니라 여러 가지가 복합적으로 작용하여 회복으로 이어지는 것 같다고 하였다. 그러나 현재까지는 시냅스 자극이 가장 큰 요인이라 본다. 시냅스에 대해 김은준 교수를 검색하면 많은 동영상 자료가 있으니 직접 찾아보시기를 권한다.

3) 뇌 오작동과 재활

일상생활이 어려운 장애를 최대한 회복시키는 재활이란 단어가 '의료법'에 없어 재활 발전에 아쉬움이 크다. 이미 밝혀진 시냅스 자극으로 신호가 뇌 활성화로 이어지는 연구는 계속되고 있다. 연구를 뒷받침하는 운동과 감각기능을 회복시키는 재활 방법인 **발목 밀기와 발목 뻗기 동작은 세계 최초로**, 신경세포분포대로 늘려 가면 보다 더 정확한 회복을 기대하게 된다.

사람이 서고 걸을 수 있는 가장 중요한 것이 발목을 스스로 힘으로 올리고 내릴 수 있을 때 가능하다. 발목 밀기와 뻗기 동작이 단순해 보이지만 회복되는 이유가 시냅스 자극 신호가 뇌기능을 깨우고 아킬레스건(인대) 주위 근력을 강화시켜 도움을 주기 때문이다(단, 정형외과와 재활의학 전문의의 골다공증 등 진단과 지도하에 위험을 미리 점검받고 시행해야 한다. 메커니즘을 정확히 이해하고 바르게 동작했을 때 효과가 나타나기 때문이다).

편마비로 걸을 때 팔에 힘이 들어가며 흔들리게 되는 이유는 여러 가지가 있을 수 있으나 대부분 발목 힘이 부족하기 때문이다. 이러한 불필요한 오작동이 반복되면 뇌는 기억하고 저장하게 된다. 뇌는 경험을 저장해 기억들을 형성하고 활용한다. 즉, **뒤틀리고 불안정한 동작을 반복하다 보면 기억으로 남아 오작동하게 되므로 고착되지 않도록 빠른 시일 안에 정상적인 기억을 돕는** 적극적인 시냅스 자극 활용의 재활이 되어야 한다.

환자 스스로 발목 밀기와 뻗기가 되면 반드시 오작동된 팔다리를 마음으로 제어하는 뇌 훈련을 병행해야 한다. **재활의학에 뇌 교육과**

훈련으로 뇌가 정상적인 동작을 인지하도록 만드는 반복 교육과 훈련이 꼭 필요한 이유다.

4) 재활은 오감을 활용한 종합 예술과 같다

발목을 올리고 내리는 힘이 부족하면 무릎 관절과 대퇴부로 대신하고, 그것도 어려우면 골반으로 빙 돌려 걷는다. 또는 발을 통째로 들어 올리며 걷기도 한다. 모두 정상적인 걷기 동작과는 거리가 멀다.

뇌 손상으로 오작동하던 뇌가 정상적인 기억을 회복할 수 있도록 모든 재활 과정을 눈으로 보게 하고, 끊임없이 묻고 확인하면 뇌 인지 효과는 배가 된다. 자신의 변화를 동영상으로 보여주어 인지에 도움이 되도록 하자. 소극적인 재활이 아닌 오감을 활용하여 적극적이고 반복적인 훈련을 해야 한다. 마치 아이가 환경의 변화와 일상생활을 통해 반복적으로 따라 하면서 습득하는 것처럼 재활훈련도 오감을 활용해 끊임없이 반복하는 것이 필요하다.*

5) 발의 중요성

(1) 족부(발에서 발목까지) 생체역학이란

우리가 살아가기 위해, 다시 말해 서고 걷기 위해서는 다리와 족부(발)가 지탱해 주지 못하면 아무것도 할 수가 없다. 발은 자동차에 비유되고, 몸은 승객을 실어 나르는 귀한 존재인데 감사하지도 못하

---

* 오랜 기간 발목이 굳어 고착된 경우는 전문의의 진료와 수술 후에 해야 한다. 뇌성마비와 척수장애의 경우도 관절이 굳고 변형되었다면 같다.

고 살아왔다. 정형외과 전문인이 아닌 대부분은 이런 걸 망각한 채 산다. 다만 발에 질환 생기고, 기능적인 역할을 못 하게 되면 그때 부랴부랴 전문의를 찾아간다.

인간은 직립보행으로 양발보행(bipedallocomotion)이 가능하므로 손도 마음껏 다양하게 사용할 수 있다. 우리가 걷는 데 있어, 안정성과 전진 속도 면에서 족부는 체중을 지지하고, 체부의 이동에 필요한 추진력과 진행 방향과 물리적 충격을 흡수하며, 이동에 균형 유지 등 많은 역할을 담당하고 있다.

족부가 자동차라면 보행의 1차적 목적은 몸통이라는 승객을 에너지 소비 면에서 효율적으로 이동시키는 것이라고 한다.[*]

(2) 족부(발) 다양한 기능과 이해

족부의 생체역학이 근본적인 기본 지식을 제공하고 있음은 이론의 여지가 없으나 실험 방법론적 한계가 있는 것 또한 사실이다. 인체에 대한 직접적인 임상으로의 접목에는 생체역학이 지니고 있는 한계에 대한 많은 고찰이 필요하다고 한다.

족부의 정상적인 기능과 역할에 대한 이해와 임상적으로 접하게 되는 병적인 문제들에 대한 해결과 예방의 기본이 될 것으로 사료된다고 한다.

가) 족부와 보행 주기

일반적인 보행은 제2 천추 앞에 놓인 몸 전체의 무게중심이 특징

---

[*] 이경태 지음, 『족부 정형외과학』 (군자출판사, 2004).

적인 편위(excursion)를 보이는 동안에 반복적인 형태 주기 단위를 보행이라 한다. 보행 주기는 발뒤축이 닿은(heel strike) 데서부터 동일 족부의 연속된 다음의 발뒤축 닿음까지다. 보행의 속도는 분속 수(cadence)라 하여 분당 발자국 수로 표시되며, 성인은 평균 분속 수가 약 100~110회 정도 된다. 기립 시와는 달리 보행 시에는 족부의 체중 분담 기능에 있어 전족부가 후족부보다 약 3배의 역할을 하는 것으로 알려졌다.

일반적으로 정상 보행 시 족저부(발바닥)에 미치는 평균 압력은 약 75psi(pound/square inch) 이하로 보고된 바 있으며, 잘 만들어진 신발을 신는 경우 약 50psi 정도, 깔창을 깔면 약 25psi 정도까지 줄일 수 있다고 한다.

나) 족지부(발바닥) 압력 분담

정상 상태에서 기립 시(섰을 때) 발바닥에 미치는 체중 부하 분담은 족지부 3.6psi, 전복부 28.1psi, 중족부 7.8psi, 후족부(발뒤축, heel)에 60.5psi이며 후족부의 족저부 최고 압력은 전족부에 비하여 약 2.6배로 보고 되고 있다.

다) 족부의 인대

발을 형성하는 뼈 관절마다 수많은 인대가 분포하고 있어 전문가가 아니면 알아들을 수 없다. 각 부위마다 중요한 역할이 존재하고 있다는 정도만 알면 될 것 같다.

발목 밀기와 뻗기 동작으로 시냅스 자극은 인체 회복으로 이어지고 있어 기본적으로 발에 대한 지식 정도는 알고 있어야 한다.*

기립 시 족저부의 체중 분담 비율

2. 인체 회복을 위한 뇌와 재활 메커니즘

1) 시냅스 자극의 재활 메커니즘

현대 재활의학에서 재활치료란 수술 후 약물, 주사 요법과 재활 운동 등을 말하고, 한의학에서는 한약, 침, 뜸과 추나요법 등을 말한다.

현대 의학이 뇌 · 신경 손상으로 인한 수술 후 나타나는 장애를 회복하기 위한 재활이라면, 한의학은 질병 예방과 내적 재활 성격의 재활이다. 현대 의학은 시냅스 자극으로 뇌 활성화로 이어져 회복되는 메커니즘이 이미 정립되어 있었으나 활용하지 못하고 있었다. 뇌 수술은 현대 의학으로 가능하지만 침과 뜸으로는 뇌수술이 불가하다. 이렇듯 양 · 한방 각각의 특성과 단점을 보완해 주는 협진이 있었

---

* 이경태 지음, 『족부 정형외과학』 (군자출판사, 2004).

으면 하는 아쉬움이 있다. 방법과 방식은 다르나 시냅스 자극으로 뇌 활성화의 근간에 입각한 치료나 운동은 각 기능 회복을 돕는 재활로 환자 중심의 재활치료 의학이 되었으면 한다.

(1) 기본동작은 다음과 같다

팔다리 마비의 감각과 운동기능의 회복을 위해서는 가장 기본이 되는 **시냅스를 자극하는 돌시플랙션**(Dorsiflexion, 발목 밀기)**이나 플랜타 플랙션**(Plantar flexion, 발목 뻗기) **동작이 뇌를 활성화시켜 신체 기능의 회복으로 이어진다.**

그런데 사람마다 골밀도와 변형된 발목뼈 구조와 손상 정도에 따라 미는 강도와 방법들이 달라야 하므로 재활치료 시 꼭 시냅스 자극에 대한 메커니즘을 배워서 시행해야 한다.

2) 뇌·신경 손상의 기능 회복 메커니즘

인간은 스스로 생각하고 행동하지만, 로봇은 주어진 제어장치 기능 범위의 연산 등 정해진 값만큼 작동한다. 뇌의 역할을 하는 로봇 제어장치가 손상되면 수리하거나 부품을 교체해도 주어진 역할만 할 뿐이다.

인간을 로봇처럼 기계적 기능으로만 본다면 회복에 한계가 있을 것이다. 또한 로봇을 인간처럼 유기적으로 연동되는 뇌와 신경세포의 메커니즘으로 만든다 해도 마음을 담지 못하면 한낱 기계일 뿐이다. 사람은 시냅스 자극으로 회복이 가능하지만, 로봇의 제어장치가 멈췄을 때 기계 부분을 아무리 자극해도 회복시킬 수 없다.

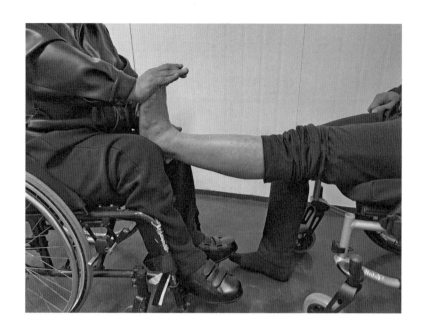

　인간의 뇌 손상과 상관없이 인체의 엔진인 심장이 작동하는 기능 뿐 아니라 각 기능이 연동되어 회복된다는 것을 알게 되면 인간과 가장 가까운 기능을 가진 로봇을 만들 수 있을 것이다. 뇌 손상으로 마비 상태인 발목을 시냅스 자극으로 많은 부분 회복되기 때문이다.

　뇌 손상 수술 후 나타나는 갖가지 장애는 뇌와 연관된 재활보다 팔다리 등 각 마비 부위별 물리적 기능 회복 재활이 전부라 해도 틀리지 않다. 시냅스 자극이 뇌 활성화로 이어지는 구체적인 운동기능과 감각을 활성화시키는 이해가 부족했다.

　단순히 손상만큼 기능을 못 하는 기계적 논리에서 시냅스 자극으로 이어지는 뇌 교육과 훈련 메커니즘 이해 없이는 더 나은 장애 회복은 어려워진다. 현재로는 시냅스 자극으로, 감각과 운동기능을 역으로 뇌에 하나하나를 교육하고, 뇌가 훈련으로 인지할 수 있게 해야 한다.

(1) 팔과 손가락 감각과 운동기능

감각과 운동기능의 장애를 가진 팔과 손가락의 재활을 기계적인 개념으로만 본다면 재활 회복은 한계를 가진다.

마비된 팔과 손가락 기능 회복을 위해서는 수술과 약물, 재활 운동과 전기자극기, 침 등 양·한방의 재활 방법들이 있다. 팔과 손가락의 재활훈련 시 시냅스 자극으로 깨우지 못하면 자연적인 회복 이상은 기대하기 어렵다. 특히 감각과 운동기능도 관련 시냅스 자극을 얼마나 했는지 알 수 없어 아직은 확실하게 말할 수 없는 부분이 팔과 손가락이다.

편마비는 마비된 팔다리뿐 아니라 눈과 입 그리고 귀까지 영향을 받는다. 각 기능 장애 회복도 발목 시냅스 자극에서 팔과 손가락 변화에 영향을 준다.

시냅스 자극이 시작되면 발부터 순차적으로 돌아오듯이 손상 정도 회복에 따라 신호 전달 시간과 근력 차이가 있게 된다. 처음은 신호가 매우 느려 차이를 모를 수 있지만 회복되면서 차츰 빨라지며 근력 또한 커짐을 알 수 있다.

● 재활 의미

평상시 팔과 손가락을 제일 많이 사용하는 만큼 마비로 사용할 수 없을 때 어려움은 상상 이상이다. 가장 많이 사용하던 것이니 몸 전체의 영향도 크다. 팔과 손가락 마비는 늦게 회복되는 경우가 대부분이다.

일차적으로 발목 시냅스 자극으로 뇌를 깨우면 다리부터 시작해 연동되어있던 팔과 손가락에 영향을 주고, 이차적으로 팔목 시냅스

자극으로 감각과 운동기능을 하면 회복에 도움을 준다.

　팔과 손가락 재활을 시작하기 전 마비 쪽 어깨 돌리기와 팔을 접어 어깨 위 높이로 올려 팔을 45도 각도로 펴서 뒤로 젖히면 당김이 느껴지는 곳에서 1만큼 힘을 주어 1~2초간 있다 원위치한다. 이때도 당김이 느껴지는 위치와 시원한 부위를 말하게 한다. 신경세포 시냅스로 신호 전달과 인지에 도움이 되기 때문이다.

팔과 손가락 재활에 발목 밀기와 뻗기 동작이 무슨 연관이 있을까 싶을 것이다. 발목 밀기로 시냅스를 자극하면 발 근육의 여기저기에 당김이나 아픔이 돌아다니다 지속하게 되면 발목 인대 본연의 자리를 찾은 다음으로 어느 순간 팔과 손가락 감각과 운동기능으로 이어짐을 알 수 있다. 팔과 손가락 감각과 운동기능이 회복되는 순서는 사람마다 다를 수 있고, 차이가 있다.

사람이 걷게 되면 팔을 자연스럽게 교차하여 흔든다. 발걸음과 팔 동작이 연동되어 있음을 뜻한다. 평상시엔 서고 걷는데 팔을 흔들지 않게 할 수 있고, 걷지 않고 팔 동작만 할 수도 있다. 팔다리 재활은 발목부터 시작되어 팔과 손가락으로 옮겨가게 된다. 회복되기 시작하면 동작 반복으로 뇌 코드와 맞추는 단계로 이어져야 한다.

(2) 팔다리 기능

뇌와 팔다리 관계

먼저 발목 밀기로 발목을 끌어 올릴 수 있게 시냅스 자극에 집중하면 많은 변화가 나타난다. 감각과 운동기능이 돌아오기 시작하면 발목 뻗기를 병행하여 시행한다. 정상인 쪽과 마비 쪽 팔다리도 1대 3 정도를 해야 한다. 다음으로 발목 밀기와 뻗기 동작을 시행자와 호흡을 맞추어 동작을 시행한다.

● 재활 의미

발목 올리는 각도와 힘이 부족한 만큼 걸음 보폭이 짧은 잔걸음으로 걷는 것을 볼 수 있다. 넘어지지 않기 위해 중심을 잡기 위한 뇌지시다.

잔걸음으로 걷는 분들에게 발목 밀기로 시냅스 자극은 아킬레스건(인대)과 주위 근력을 강화시켜 바른 걸음을 걷게 된다. 스스로 발목을 올리고 뻗기 동작이 완전하지 않거나 발목 힘이 부족하면 무릎과 대퇴 근력이 대신하게 된다. 그래도 부족하면 골반이 부족한 힘을 보상하기 위해 빙 돌리거나 발을 통째로 들어 걷게 되어 골반이 틀어진다.

또한 발목 끌어올리는데 필요치 않은 팔까지 흔들게 된다. 결론적으로 서는 것과 바른 걸음은 발목에 달려있다고 해도 틀리지 않다.

뇌는 서고 걷지 못해 불안했던 마지막 기억을 발목 밀기와 뻗기로 충분히 걸을 수 있는 상태에서도 계속 붙잡고 있다. 이때 서고 걸어도 괜찮다는 경험 신호를 반복하여 확인시켜 주어야 쉽게 서고 걷는다. 뇌는 마지막 불안한 트라우마(trauma)에서 벗어나도록 여러 번 반복해서 뇌가 괜찮다고 인지할 수 있게 해 줘야 한다.

편마비의 경우는 반대편 팔다리 동작이 스승 역할로 먼저 해 본 느낌을 살려 동작하면 도움이 된다.

― 뇌 손상만큼 팔다리 감각과 운동기능의 마비 크기로 나타난다.
― 좌우 팔다리는 연동되어 있어 3:1 비율로 손상되지 않은 쪽도 발목 밀기를 해 준다.
― 팔 재활 방법은 다리 감각과 운동기능 회복과 깨우는 것이 순서다.

— 발목 시냅스 부분을 자극하고 나면 어렵게 팔 회복 변화가 시작된다.

— 팔은 손상되지 않은 어깨 돌리기로 돌리는 감각을 먼저 경험하게 한 후 그 느낌으로 마비된 쪽 어깨를 돌리도록 하면 도움이 된다.

— 팔의 기능 회복을 위해 어깨 근력을 깨우는 준비로 팔을 접어 어깨 위로 들어 올려 팔을 펴서 45도로 뒤로 하면 당김을 알 수도 모를 수 있으나 대부분 당김이 있는 자리에서 1만큼 힘을 주어 뒤로 하다 반원을 그리며 앞으로 온다. 반드시 당김과 시원한 부위를 말하게 하여 인지에 도움을 준다.

— 발목 밀기로 손가락 움직임을 관찰 후 뇌와 손가락을 집중해 움직여 보게 한다.

— 손가락이 움직이면 손을 펴고 오므리는 동작을 하게 한 후 손을 붙잡고 위로 밀어 팔목 관절을 깨운다.

— 손가락 전부를 잡고 뒤로 하면 팔목 당기는 자리 뒤로 1만큼 뒤로 3초간 뒤로 하다 원위치한다.

— 팔이 움직이기 시작하면 손가락마다 손가락을 대고 밀어보게 하여 전달되는 힘의 느낌을 키워준다.

발목과 손가락 움직임을 뇌가 인지하고 깨어나게 할수록 힘도 돌아오고 감각도 한층 명확해진다. 각 사람에게 나타나는 변화에 따라 동작을 달리해야 한다.

3. 눈과 언어 재활 메커니즘

손상 정도와 부위에 따라 말을 못 하거나 감긴 눈을 뜨지 못하거나 눈동자가 돌아가 시야 초점을 맞추지 못하거나 소리를 지르기도 하는 등 여러 가지 형태로 나타난다. 의료적인 치료가 되면 완전히 회복되기도 하고, 손상보다 조금 덜 회복되기도 한다.

인간은 기계와 달리 의·과학으로 인체 회복 방법은 아직 모르는 부분이 많아 끊임없는 노력과 알게 된 것들을 공유하고 노력할 때 회복과 건강한 삶을 살아갈 수 있다. 그러나 검증되지 않은 무분별한 방법과 방식은 해가 되기도 하니 조심해야 한다.

1) 눈 재활

두 눈의 역할은 거리감을 느끼고 입체적으로 보면서 생활할 수 있게 만들어졌다. 한쪽 눈을 감아 보면 처음은 어지럽고 거리 감각과 입체감이 많이 떨어진다. 눈의 장애로 어지러움증이 계속된다면 신경과와 안과 진료를 받아보아야 한다.

한쪽 눈을 볼 수 없으면 거리감이 없어져 위험과 불편을 느끼게 된다. 그러나 한쪽으로만 살다 보면 뇌는 불편에 최대한 적응할 수 있게 되지만, 다 똑같지는 않아 적응이 안 되는 분들은 전문의의 진료와 도움을 받을 필요가 있다.

우리 몸은 간단하게 기계식으로 만들어진 것이 아니어서 감긴 눈을 뜨게 하는 재활 방법은 딱히 없었다.

그러나 인간은 기계와 달리 각 동작과 유기적으로 연동되어 있어 고장 난 부위와 연결된 상위명령에 따라 감겼던 눈이 떠지는 것을 볼 수 있다. 눈을 깜박일 때 움직이는 주위 근육 동작을 보면 서로 완벽하게 연결되어 있어 상위명령으로 하위 부분을 깨우는 훈련으로 회복에 도움이 됨을 알게 된다.

● 재활 의미

(1) 한쪽 눈이 감긴 경우

편마비로 한쪽 눈을 못 뜨는 경우 떠보라면 더 감기는 것을 볼 수 있다. 이때 눈을 뜨게 하는 주위 신경과 근육 기능들로 연결된 뇌를 깨우는 학습을 이용하는 방법이다.

감긴 한쪽 눈을 뜨라는 명령은 수행하지 못하지만 의외로 두 눈을 천창을 보라는 상위명령을 통해 감겼던 한쪽 눈까지 떠지는 것을 볼 수 있다. 계속 반복해서 두 눈을 뜨게 하면 신경과 근육 기능들이 견인하여 떠지는 반복 학습으로 인해 한쪽 눈을 단독적으로 떠보게 했을 때 감겼던 눈이 떠지는 것을 볼 수 있다.

(2) 눈 초점이 돌아간 경우

눈 초점이 돌아가면 정면으로 볼 수 없고, 시야가 매우 좁아져 보인다.

두 눈을 정면을 바라보게 하고, 돌아간 초점 위에 손가락을 맞추고 원래 초점의 중앙으로 손가락을 따라오게 하는 반복 학습이다.

돌아간 초점만큼 손상 정도 예측이 가능한 점도 있다. 발목 밀기와 뻗기 동작이 시냅스를 자극하여 여러 기능도 활성화로 이어진다.

이렇듯 시행 방법과 뇌의 메커니즘 이해가 없으면 손상으로 돌아간 눈의 초점을 되돌리는 데 한계를 넘기 어렵다. 안될 때는 뇌신경과나 안과 진료가 필요하다.

(3) 시력 회복

시력이 약해지면 약과 눈에 좋다는 식품들이나 교정시술 등으로 시력 회복을 하려고 하지만 쉽지 않다. 이럴 때 시신경에 영향을 줄 수 있는 눈 주위와 관자놀이 부근과 눈썹 부위와 머리 뒤 아래쪽 시력과 관련한 근육들만 잘 마사지해도 시력은 많이 회복됨을 알 수 있다.

이렇듯 인체 회복은 신의 선물로 우리 기준과 생각과 비교될 수 없을 만큼 회복의 비밀을 간직하고 있다.

2) 언어 재활

뇌의 언어 부분의 손상만큼 말을 할 수 없거나 어눌하거나 악을 쓰는 모양으로 나타난다. 먼저 괴성을 지르는 분들은 정신적인 문제가 있을 수 있으나 평소 성격이 급했던 분들로 자신이 원하는 요구를 언어로 표현이 안 돼 괴성을 지르는 경우도 있어 처방에 주의해야 한다.

● 재활 의미

— 말은 소리내기다.

마음의 욕구를 뇌를 통하여 자연스럽게 말로 표현한다. 손상으로 전혀 말을 못 하는 경우도 있다. 말을 못 한다는 의미를 단순하게 생각해서는 안 된다. 태어나면서 소리를 듣지 못하면, 말을 못 하는 농인은 말을 못 할 뿐 아니라 뜻을 이해하기까지 부단한 반복 노력이 필요하다. 뇌가 얼마나 신묘한 것인지 알게 된다. 언어 부분의 완전한 뇌 손상 경우를 제외하고, 단전에 공기를 모아 기도와 입 모양으로 정확한 발음과 공기 크기로 소리 크기가 결정된다. 말할 수 있는 기관들이 절반의 마비로 정확한 말과 소리가 어눌해져 알아듣기 어렵게 된다.

입으로 숫자나 아! 어! 등 소리를 낼 수 있다면 다른 말도 할 수 있다는 반증이다. 이 경우는 선천적으로 듣지 못하여 말을 못 하는 경우와 다르게 평소 말을 잘하다가 편마비 등으로 말의 일시적인 어려움이 생긴 것이다.

말도 시냅스 자극으로 얼마나 회복시켜 주느냐가 매우 중요하다. 말할 때 경직됐던 근육들이 원활해지면 도움이 되기 때문이다. 뇌성마비가 말하는 데 특별히 필요치 않은 팔다리에 힘이 들어가 꼬이는 듯한 경직을 보면 알 수 있다. 말을 할 때 뇌는 부드럽고 여유 있게 해야 한다. 원래 정확하게 구사했던 언어 코드의 잠을 깨운다는 식으로 먼저 말하고, 이를 함께 따라 하게 하는 방법으로 입을 뗄 수 있게 도와줘야 회복이 빠르다.

(1) 말을 못 하는 경우

말을 시켜보면 말은 하려고 하는데 입을 뗘는 시작이 안 돼서 스스로 포기하는 경우, 먼저 말을 하고 동시에 따라 말하게 하는 방법이다. 자주 사용하는 일상 단어를 먼저 말하고 동시에 따라서 되풀이하여 쉽게 따라 할 수 있게 시동을 거는 방법이다.

(2) 말을 어눌하게 하는 경우

마음은 정확한 말을 한다고 하지만 본인의 말을 상대가 알아들을 수 없어 답답해하는 그 마음을 이해해 주고, 서두르지 않아야 한다. 이들의 적극적인 의사 표현은 스피커가 반쪽이 접혀 있을 때 큰 소리를 위해 힘을 쓸수록 오히려 방해되는 것과 같다. 반대로 기능에 문제가 없으면 힘들이지 않고 말을 한다. 마비로 말소리를 내는 절반의 기능 마비는 당연히 어렵다.

초등학교 5학년 때 나와 두 명의 친구가 말을 심하게 더듬었는데 조두흥 담임선생님께서 수업이 끝난 후 우리를 남게 하고, 백만 단위로 10행을 써서 크게 반복하여 읽게 했다. 이 방법은 효과가 대단히 좋아서 세 사람 모두 말을 잘하게 되었다.

일반 언어보다 규칙적인 기준과 배열이 정확한 숫자 읽기로 뇌의 반복 학습을 통해 발음 교정과 소리 크기 회복에 도움을 주는 방법이다.

수준에 맞게 숫자를 일 단위에서 백만 단위까지 같은 숫자가 겹치지 않도록 5행에서 10행까지 늘려 간다. 중요한 것은 큰 소리로 읽게 한다.

아울러 단전에 힘을 모으는 단전호흡과 입을 크게 벌리는 동작으로 입 주위 근력을 깨우는 동작도 도움이 된다.

4. 뇌와 인체 감각과 운동기능의 실행 메커니즘

뇌는 뇌 전문인들의 영역으로 전문적인 공부를 하지 않으면 알 수 없다.

뇌가 손상되면 뇌 전문의의 뇌 검사에서 수술이나 약물로 치료 후 재활의학에서 재활을 한다. 첨단검사기기 발전으로 보다 정확한 원인 규명과 치료 방법이 날로 발전하고 있다. 정신적 문제는 수술보다 약물치료에 의존하고 있어 약물 남용 폐해 문제도 논의가 필요한 부분이다.

전쟁과 큰 사고 등과 같은 일을 당하면 트라우마에 시달린다는 정도는 상식이 되었다. 뇌손상이 아니더라도 어떤 일과 환경에서 겪은 두려움은 기억으로 남아 같은 조건이 되면 민감하게 반응한다.

뇌손상이나 경험으로 만들어진 변화의 해결은 쉽지 않다. 시냅스 자극으로 서고 걸을 수 있는데 막상 하려면 쉽게 서거나 걷지 못한다. 서고 걷지 못한 마지막 두려운 기억에서 이젠 서고 걸어도 괜찮다는 경험을 하게 된다면 다시 말해 뇌가 인지하면, 서고 걷는 것이 가능해지는 것이다.

스피커가 찌그러지면 소리가 괴상하게 나지만 바로 잡아 주면 그만큼 정상적인 소리가 나온다. 인간의 뇌는 그 이상이다. 뇌성마비가 말할 때 팔다리 힘이 오히려 방해하는데 팔다리 경직을 줄이는 발목 (인대)을 바로 서고 걸을 수 있게 도와주면 말소리는 쉽게 나온다.

뇌와 연결되어 있는 근육들의 문제를 해소해 주는 재활이 되어야 한다.

● 재활 의미

서고 걷지 못한 장애는 시냅스 자극 후 다시 서고 걷는 동작을 도와, 괜찮다는 신호를 뇌에 역으로 학습시켜 줘야 한다.

정상적일 때 말은 팔다리와 안면근육 등의 힘이 필요치 않다. 다만 보통 성량보다 더 큰 소리를 내야 할 때 단전에 많은 공기를 모으기 위해, 즉 필요에 의해 온몸에 힘이 들어가는 것과는 다르다. 마비가 있게 되면 말 등 여러 가지 기능에 영향을 준다.

서고 걷지 못하는 이유는 여러 가지일 수 있다. 질병과 노쇠가 이유일 수 있으나 발목(인대) 밀기와 뻗기 동작을 못 하는 만큼 서고 걸을 때 잔걸음으로 넘어지지 않으려고 중심을 잡고자 한다. 그동안 기계적 관점의 뇌와 인체와의 연관된 재활이 부족하여 진정한 재활 의미를 놓쳐 왔다.

평소 뇌 교육과 훈련을 위해 노력하면서 정작 손상된 뇌에 대한 교육과 훈련은 더해야 하는데, 없었다.

뇌손상으로 인한 문제 해결의 첫걸음은 발목 밀기와 뻗기로, 시냅스를 자극시키고 뇌를 깨우지 못하고선 진정한 인체 회복은 한계를 가짐을 알 수 있다.

2장

뇌를 알면 인체 회복으로 행복할 수 있다

1. 뇌는 무엇이고 마음은 무엇인가?

인간의 심장을 제외하고 모든 장기를 운영하는 곳이 뇌라는 정도는 상식이다. 뇌 의학 발전으로 유전자 지도인 '게놈(유전체) 정보' 해독이 가능한 시대이다. 전문의들에 의해 뇌에 좋다는 건강 지식과 예방에 도움이 된다는 상품들이 나오고 있다.

간단한 검색만으로도 심리적 스트레스가 우울증과 절망감을 만들어 대뇌 면역계의 영향을 준다는 사실과 대뇌의 시상하부를 통해 신체에 영향을 주어 호르몬 불균형을 초래하며, 몸 안의 비정상적인 세포의 증가와 싸워야 할 면역세포 능력 약화로 인해 암과 같은 질병이 발생, 생명을 위협한다는 것을 알 수 있다. 그러나 이런 알아듣기 힘든 말은 일반인에겐 불필요하다.

팔다리 골절은 수술로 해결되지만, 뇌와 신경 손상은 수술로 회복

가능성과 완치를 단언할 수 있는 단계는 아니다. 주변을 보면 내가 척수손상을 입은 지 30년 넘도록 전문성 부족으로 장애 대처 방법이 제각각임을 수없이 보아 왔다.

뇌신경 손상으로 남게 될 장애 재활에 대한 올바른 정보와 방법을 알 수 있는 매뉴얼이 있어도 일반인은 찾기가 힘들다.

전문적인 치료 후 장애로 인한 재활과 돌봄의 방법이라도 알려줄 때 희망을 가질 수 있다. 뇌신경 손상 장애로 어려워도 회복에 매달리는 것은 온 가족의 마음이고 힘인데, 이제 뇌와 마음은 무엇인지 알았으면 싶다.

2. 뇌와 마음을 생각해 본다

척수마비 장애와 상관없는 뇌와 마음에 대해 생각하게 한다. 신경 절단 밑으로 감각도 운동기능을 못함으로 알고, 30년 마비 장애인인 나는 재활할 마음이 없었다. 신경세포 안의 시냅스 자극으로 회복할 수 있는 것을 알았다면 적극적으로 뇌와 상관없이 재활을 열심히 할 수 있었겠다 싶은 것도 마음이다. 절반의 마비로 중심을 잡게 하는 것은 뇌가 한다.

사람을 회복시키기 위한 노력은 마음이 갖게 하고, 연구는 뇌가 한다. 이런 마음인데 뇌가 스스로 신경을 보수하지 못할까 하는 억지도 부려본다. 망가지면 수리도 못 하는 한계가 뇌와 신경이란 놈이다. 뇌신경 손상으로 마음대로 몸이 안 따라주니 마음 따로, 뇌 따로가 맞는 것 같기도 하다.

뇌에 대해서 알고 싶은데 뇌세포의 수도 의료 발전만큼 바뀌어 지금의 뇌세포의 수가 정확한가 하는 의심도 하게 된다. 현미경으로 보아도 겨우 보일 정도의 작은 신경세포 하나에 정보를 무한정으로 담는다고 하니 경의 그 자체다.

아직도 뇌 속에 마음이 존재하는지 아니면 별도의 마음 공간에서 뇌를 통제하고 있는지 무척 궁금하다. 다만 마음은 온전한데 뇌손상으로 인한 기능 장애를 겪는 것을 보면 뇌와 마음은 분명히 다른 존재가 맞는 것 같다. 그런데 몇 년씩 식물인간으로 있다가 어느 날 갑자기 소생하는 분은 기억과 마음이 함께 돌아온 것인가? 뇌손상으로 인해 나타나는 평소와 다른 엉뚱하고 상식에 벗어나는 말이나 행동은 도대체 마음인지 뇌인지 알 수가 없다. 뇌 전문가들에게 듣고 싶다.

3. 뇌손상은 뇌만 고치면 되는 것인가?

자연이 파괴되면 동식물이 살 수 없고, 결국 인간도 살기 어렵게 된다. 망가진 자연도 시간이 지나면 자연히 회복되듯이 뇌도 시간이 지나면 회복되는 부분이 있어야 하는데 사람의 뇌는 아닌 것 같다. 뇌손상 치료 후 자연 회복을 논리적인 수치로 알 수 없는 많은 뇌손상자는 어쩌란 말인가 싶다.

뇌 치료 후 예후를 장담할 수 없지만, 자연처럼 회복되는 부분까지 미리 알 수 없을까 하는 억지를 부리고 싶다. 자연과 달리 인간의 생명은 유한한 것임을 알기에 이것저것 노력해 보는 것은 아닌지 싶다. 그만큼 뇌 문제는 어려운 것 같다.

　로봇의 기계 제어판 고장은 수리해 사용하거나 고물상으로 가지만, 사람의 뇌는 손상으로 마비된 쪽에 시냅스 자극을 하면 뇌를 깨워 훈련과 학습을 통해 완전하게 혹은 비슷하게라도 회복한다는 것을 30년 경험을 통해 알게 되었다.

　사람을 기계논리의 의학지식으로 우리 스스로 한계를 만든 결과는 아닐까 싶다. 뇌수술은 고친다는 기계적 개념이므로 손상된 뇌를 시냅스 자극으로 활성화하여 회복시킨다는 것은 아니다.

4. 뇌 교육과 훈련법은 무엇인가?

　우리가 더 성공하기 위해서 배우고 훈련하는 이유는 결국 뇌를 좋게 하기 위해서 시간과 비용까지 쓰는 것이다. 뇌손상으로 인해 뇌 교육과 훈련이 더 필요한데, 뇌를 위한 교육과 훈련은 전혀 안 한다.

　사람은 실패와 성공의 경험을 통해 뇌와 마음으로 살아간다. 뇌·신경 손상으로 인한 장애를 보면 초고도 정밀기계이면서 AI 기능 그 이상의 메커니즘을 알게 한다.

　뇌를 젊게 하기 위해서는 매일 일기를 쓰고, 즐거운 생각과 맑은 공기와 자연의 영양을 담은 음식을 섭취하고, 좋은 대인관계와 적당한 운동과 독서와 명상을 해야 한다. 교육 정책가와 전문가들에게 현재 우리 암기식 교육으로 미래를 선도할 수 있을지 묻고 대안을 가져야 한다고 말해 주고 싶다.

　편리한 스마트기기로 기억력 감퇴와 공간 감각과 계산 능력 등을 저해하는 디지털 인지 문제가 등장하고 있다. 뇌는 기억과 연산 능력 등 기기 편의성 의존으로 기억 용량이 작아지고 있음을 알 수 있다. 디지털기기에서 읽고 보며 쓰기도 하니 아니라는 반론도 있겠지만 뇌 손상자를 직접 경험해 보면 차이를 느끼게 된다. 평상시 아무런 문제가 없던 동작과 인지를 깨우는데, 편리한 기기 의존 세대와 몸 경험에 의존하던 사람들의 인지 회복력이 다름을 알 수 있다.

건강할 때도 기억력과 공간 감각을 다양한 경험과 반복 학습을 통해 관리하고, 장기기억 용량을 늘리는 데 노력해야 한다. 요즘 젊어지게 하는 걷기운동 방법도 결국 뇌 인지발달과 무관하지 않다. 뇌 활성화에 직접적인 영향을 주는 시냅스 자극이 뇌 활성화로 회복되는 것을 보면, 시간과 공간을 많이 사용할 수 없는 환자가 걷기 운동 부족을 채우는데 효율적인 것 같다.

편의를 찾는 동안 뇌기능이 퇴화하는 위험을 간과해선 안 된다. 전화번호를 기억하려는 노력 없이 스마트 폰에 저장만 하니 때론 휴대폰이 없으면 가족들에게 전화하기도 어렵다. 예전에 스마트기기가 없을 때는 수첩에 쓰고 자주 보아 암기할 수 있어 몇십 개는 대부분 암기하고 있었다. 하물며 뇌가 정상일 때도 이런데, 뇌손상을 당해 본래 기능을 회복하려면 수백 수천 번의 반복을 해야 힘들게 회복되는 것을 보았다. 뇌 교육과 훈련의 부재, 그 심각함을 본다.

매 순간 무의식적으로 사용하는 디지털기기의 편리함 때문에 단기 조작 기억은 장기 기억으로 가지 못한다. 스트레스나 음주나 흡연 등으로 기억손실이 장기적으로 서서히 진행되니 자각하기도 어렵다. 스스로 관리를 못 하면서 "늙으면 다 그렇다"는 말을 위안으로 삼으면 안 된다. 경도인지 기억력 기능 저하는 금방 알아챌 수 없어 지나

치기 쉽다. 길을 찾는 데 웹을 사용해 본 사람들에게 기기 없이 찾아가 보게 하면 쉽게 알 수 있다. 편의와 편리함이 사람들로 하여금 기억하고 있다는 착각으로 살아가게 한다.

특히 자라나는 어린이들이 매우 걱정이다. 스마트폰과 같은 디지털기기는 중독성이 있고, 뇌세포의 용량을 늘릴 기회를 가로채는 부정적 역할을 한다. 뇌손상 장애인과 감옥에 있는 분들은 자살자가 적다고 한다. 반면 디지털 세대는 면역력도 약하고, 스마트기기와 약물 등에서 쉽게 빠져나오기 어렵다. 이는 우리 교육이 하루빨리 암기식에서 디지털기기를 사용하더라도 독서와 운동과 자연 경험을 겸해야 하는 이유다.

5. 뇌와 갈증 문제도 무관치 않다

1) 갈증

지구상 모든 존재는 물로 살아간다고 해도 과언이 아니다. 의료기술로 대신할 수 없는 것이 갈증이다. 갈증 해소는 반드시 물과 수분이 들어있는 과일 등을 직접 마시고 먹어야 해결된다.

재난과 극한 상황과 같은 병원 중환자실에서 겪는 갈증은 심리적으로 패닉상태로까지 몰고 갈 수 있다. 중환자실에서 갈증 해소를 못 하는 환자의 입장이 되면 그 절박함이란 이루 말할 수 없다. 주고 싶어도 환자에게 위험하기에 줄 수 없는 간호사들의 안전을 위한 배려는 갈증을 느끼는 환자에겐 안전이 아닌 고문일 수 있다.

몸에 링거주사로 넘치게 넣어 준다 해도 갈증 해소는 해결되지 않는다. 반드시 입으로 마셔 기도를 충분히 적셔 주어 뇌가 인지할 때 갈증은 해소된다.

짧은 시간 갈증은 회복이 쉽지만, 면역력이 약한 노인이나 아이들에게는 보이지 않는 트라우마(trauma)로 남는다. 갈증을 매일 겪는 중환자실에 국가 지원을 늘려 갈증뿐 아니라 욕창 등 부차적인 어려움이 최소화할 수 있도록 개선이 시급하다.

2) 중환자의 갈증

물은 몸의 신진대사를 원활히 하여 필요한 에너지를 얻고, 노폐물을 체외로 배출시켜 생명을 유지하게 된다. 치료는 생명 유지를 위한 링거 수액으로 가능하지만, 갈증 해소는 전혀 다른 문제다.

갈증에 대한 환자의 갈급함으로 가지게 될 2차적인 손상과 후유장애로 남을 수 있다는 문제는 등한시되고 있다. 응급상황이 지나 치료 후 의식이 돌아오면 안정을 찾아가는 속에서 심한 갈증을 호소한다. 문제는 기도를 막아 죽을 수 있고, 폐렴 등 여러 합병증 유발을 염려하여 물을 주지 않고 있다. 의료적 고민은 이해한다. 그러나 갈증은 극한 고통과 저항력을 떨어트릴 수 있다. 갈증 해소가 뇌 회복에 지대한 영향을 줄 텐데, 연구와 관심이 부족한 것 같아 아쉬움이 크다.

3) 중환자실 풍경

응급상황이 지나고, 전문의의 지시가 있어 환자에게 음식과 음료를 먹이다가 잦은 사레로 기도를 막는 위험이 발생하면 물은 더욱 엄격한 원칙대로 주지 않는다. 물을 먹여도 되는 의사 지시가 있어도 사레가 들면 막막하다.

자발적인 호흡 자에게 회복을 위해 산소 줄을 끼우는데 환자가 갑갑하다고 줄을 잡아 빼면 환자의 안전을 위해 손을 묶을 수밖에 없다. 의료 원칙은 이해하지만, 갈증으로 겪는 공포는 죽음을 생각하게 하는 극한경험이다. 더욱이 손이 묶이니 환자는 패닉 상태와 같은 두려움에 빠질 수도 있다. 그 폐해도 관심을 가질 때가 되었다. 뇌는 갈증으로 겪었을 공포와 죽음과 같은 고통의 경험을 기억하게 된다.

기도 확보와 폐렴 등을 염려해 필요한 조치로, 저항력과 회복력을 떨어트려도 생명과 직결되니 어쩔 수 없이 물을 줄 수는 없다. 그러나 갈증 문제를 빠르게 해소하므로 빠른 뇌 회복에 영향을 줄 수 있다고 본다. 심리적 갈증이 뇌와 마음에 미치는 영향은 지대할 것으로 본다. 갈증 문제를 새롭게 정립시켜 적용하기까지 어려움은 있겠지만 시급한 방안을 찾도록 정부와 전문의들께 부탁드린다.

4) 갈증 해소와 호흡 재활

갈증 해소를 위해 물 섭취로 야기되는 기도 막힘과 폐렴 등의 위험을 막기 위한 문제는 호흡 재활과 무관하지 않다. 기도가 막혀 호흡을 못 하면 사망으로 이어지므로 이물질을 뽑는 석션 방법에 의존하고 있다. 석션을 할 때마다 고통은 기력마저 떨어뜨려 일상생활로의 복귀를 어렵게 하는 면도 고민해야 한다.

숨을 쉬지 못하면 죽는다. 영동세브란스병원 강성웅 교수는 호흡 재활을 돕는 기계 개발 필요성과 적용 활성화가 환자의 회복과 생존 유지를 도와 실생활 복귀와 회복을 향상시켜 준다고 믿는다. 빠른 회복은 건강보험재정과 가정의 경제적인 부담까지 줄일 수 있다. 속히 일상생활 복귀자 수를 늘리는 대안이 만들어지기를 간절히 바라본다.

5) 갈증 문제 의견

의료적 안정과 의사의 식사 지시가 있는 경우 갈증 해소는 빠른 회복을 도울 수 있으므로 호흡 재활 기기 개발과 활성화에 국가가 나서야 한다.

환자의 극심한 갈증 해소 방안을 위한 체계적인 기준을 가져야 한다. 환자의 갈증 요구는 본인에게 가장 절박하고 필요한 뇌 지시와 같다. 국민 모두도 환자의 갈증 해소에 의료책임만 묻기보다 함께 고민해야 한다.

가정에서 석션 하는 분들을 위한 실질적인 교육과 훈련이 어려우면 교육용 동영상을 만들어 정보를 공유할 수 있도록 해야 한다. 가정에서 사용해야 하는 분들의 경우만 해도 이렇다.

— 가정에서 인공호흡기를 사용하는 이들에게 하는 석션
— 인공호흡기를 사용하지 않고, 자가 호흡이 가능한 석션

— 코를 통해 상기도와 기도에 석션

— 성인의 기관절개관을 통한 석션

※ 나는 오래전 학교에서 교련 시간에 응급 처치를 배웠던 기억이 있다. 국민의 일상적인 위협의 환경과 약물 중독과 안전사고와 응급 처치와 심폐소생법 등을 학교 교과목으로 넣어 분기별 한 시간씩 시험과 성적에 상관없이 가르치자고 교육부에 건의했었다. 매일 심장 문제로 돌연사가 증가하는데도 뉴스에서 미담으로 다루는 것이 다다. 우리 생명보다 귀한 것은 없다고 하면서 인구감소와 저출산을 위해 예산과 인력 부족만 말하지 말고, 생명이라도 건강히 지켜야 한다.

6) 갈증으로 인한 물 먹이기 전 요령

전문의의 허락 없이 주는 물은 기도로 들어가 생명을 위협한다. 그래서 폐렴 등을 막기 위해 물을 주지 않는 것이 원칙이다. 건강한 사람도 간혹 기도로 들어가 곤란을 겪는데 환자일 경우는 생명에 위험을 초래할 수 있어 반드시 원칙대로 해야 한다. 그럼에도 불구하고 갈증 문제는 환자에게는 매우 심각한 문제다. 갈증 호소에 물을 주지 않는 것은 죽을 것 같은 공포감을 느끼게 하고, 심한 고문과도 같다. 과거나 현재 물고문을 행한 분들은 얼마나 큰 죄인지 늦게라도 반드시 사죄해야 한다.

※ 아래의 방법은 검증된 것은 아니지만, 환자에게 물을 주기 전 다음과 같은 준비를 통해 위험에 대처하는 데 조금이라도 도움이 되었으면 한다.

— 사레에 대비해 먼저 날숨과 들숨이 일정한지 확인한다.
— 물수건으로 혀를 적셔 준다. 환자에게 '후~'라고 해서 입술 모양이 정확한 발음을 하는지, 바람의 세기가 어느 정도인지 단전 부위에 손을 대고 확인한다. 손바닥에 느껴지는 힘에서 기도로 넘어간 이물질을 뱉어낼 수 있는 재채기가 가능한지 가늠해 본다.
— 물수건으로 혀에 물을 묻혀준 후 침을 자력으로 삼키는지를 확인한다. 들숨과 날숨의 소리 세기로 단전 힘이 있는지 손바닥으로 확인한다.
— 들숨과 날숨을 확인하고, 침을 삼키는 정도를 보면서 물을 주는 방법으로 사레가 들어도 재채기할 여력이 되는지 본다.
— 기도로 넘어가는 위험 예방 차원으로 말소리가 마른 소리면 기도에도 촉촉할 수 있도록 물수건으로 입 안을 적셔 준다.
— 위 사항을 점검한 후 조심히 물을 주면 위험을 훨씬 줄일 수 있다.

전문적인 체계화로 검증하고 보완하여 갈증 해소를 돕는다면 일상 회복에 빠른 도움이 된다. 갈증 해소가 각자의 내재되어 있는 면역력과 회복력으로 이어져 실생활 복귀를 돕는 측면의 연구가 아직은 미흡하여 아쉽다. 이 문제가 해결되기 전까지라도 도움이 되었으면 싶다. **생명 유지는 링거로 해결되지만, 갈증은 링거로 해결되는 것이 아니기 때문이다.**

복지부와 호흡기내과, 중증 장애 학회 및 관련분야 등에 일하는 분들이 방안을 찾아보고 실행할 수 있도록 정부와 국회는 일해야 한다.

3장

장애 발생에서 재활까지

1 발병에서 재활의 4단계

(1) 장애 발생

장애는 자괴감, 절망감, 자포자기, 모욕감, 수치심, 분노와 좌절감 등을 동반한다. 이를 극복하려면 환자를 지지해 줄 가족과 병원, 사회와 정부의 역할이 매우 중요하다.

(2) 혼란기

손상된 뇌와 신경전달 체계의 혼란으로 당사자는 큰 어려움에 빠진다. 그리고 장애에 관한 지식이 부족한 당사자와 가족은 몹시 당황하게 된다. 장애 관련 전문 지식이 있어도 직접 당하면 무엇부터 해야할지 갈피를 잡기 힘들다. 시간이 지나면 개인의 의지, 내적 면역력, 안정된 환경과 정확한 재활 정보 등의 차이에 따라 재활의 시간이 결정된다. 그럼에도 심적 혼란은 계속된다.

(3) 수습기(탄성기)

먼저 장애를 받아들이는 것이 가장 중요하다. 손상되면 바로 그 순간이 원래 기능으로 되돌릴 수 있는, 기능 회복을 극대화할 수 있는 중요한 재활 시점이다. 이때 가장 중요한 포인트가 시냅스 자극으로 이어져 마비된 신체 부위 운동과 감각의 뇌를 깨워야 한다. 발목 밀기와 뻗기 동작은 간단해 보이지만 먼저 메커니즘을 이해해야 할 수 있는 **고난이도 기술이다.**

(4) 안정기

안정을 찾는 시간은 각자 차이가 있다. 스스로 기능 회복을 위해 발목 밀기와 뻗기 운동을 꾸준히 하는 것이 중요하다.

2. 뇌와 척수신경의 재활

완전 마비나 하반신 마비와 달리 편마비는 손상을 받지 않은 팔다리 기능까지 연동되어 방치하면 기능이 떨어진다. 척수 불안정 손상자도 방치하면 같다.

인체 회복은 발목 밀기와 뻗기로 뇌를 깨우는 것에서 시작된다고 해도 과언이 아니다. 아킬레스건(인대)의 수축과 이완으로 발목을 끌어올리고 내리는 각도에 따라 서고 걸을 수 있는데, 오래 두면 경직되어 더 어렵게 된다. 아울러 서서 걷는 운동을 할 수 없기에 몸의 생체

리듬을 가지게 하는 발목 밀기와 뻗기 동작은 유익하다. 요즘 걷기운동이 우리 몸에 좋은 이유다.

요양병원이나 요양센터에 가 보면 무릎이 굳어 가슴 위로 올라와 웅크린 자세의 환자들을 볼 수 있다. 발목 밀기와 뻗기와 다리를 무릎이 굽지 않게 잡고 V로 올리는 동작으로 충분히 예방할 수 있다. 각 관절 부위 기능 회복을 위해 지속적인 시냅스 자극으로 뇌를 활성화해야 한다.

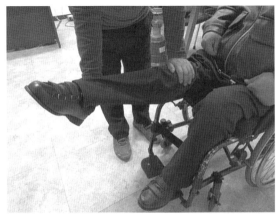

발목 밀기(위)와 무릎 굽지 않고 V자 올리기(아래)

3. 뇌의 반복적 교육과 훈련

뇌기능을 활성화하려면 시냅스 자극 후에도 필요치 않은 오작동이 되는 힘을 마음으로 제어하는 훈련과 교육 재활이 중요하다. 인체기능이 자유자재로 실행할 수 있을 때 자기 주도적 생활이 가능하다. 잔존기능을 최대한 회복시켜 극대화하려면 뇌의 시냅스 자극으로 반복 교육과 훈련 및 함께 상호작용하는 재활 동작이 필요하다. 강한 어조로 지시하면 대상자 역시 동작에 힘이 들어가는 것을 볼 수 있듯이 재활도 뇌를 깨워 운동치료에 임할 때 효과가 크다.

뇌는 불안했던 기억을 해소하고 확인시켜 주면 본래 동작을 쉽게한다. 이것이 재활에 뇌 인지교육과 훈련의 중요성 그리고 메커니즘 이해가 필요한 이유다.

뇌신경 손상은 어쩔 수 없다는 의료적 한계로 재활의 중요한 시기를 놓치게 된다. 불안전손상일수록 재활 훈련을 하지 않으면 관절에 불필요한 경직이 온다. 반복적인 시냅스 자극은 연동되어 있어 손상으로 기능을 못 하는 눈과 귀 등 오감 기능을 깨워 더하게 되는데, 물리적인 재활개념으로 인한 한계가 아쉽다. **시냅스 자극은 반드시 메커니즘의 이해가 동반되어야 하기 때문에 기구가 아닌 사람이 해 줘야 한다.**

기립 기(機)에 세우면 아킬레스건(인대가) 수축을 방지하고 두 발로 섰을 때 생체활동 등 여러 효과가 있지만, 시냅스 자극은 어렵다. 뇌와 발목 밀기와 뻗기의 인체 연관성을 이해하고 숙달된 사람이 할 때 효과가 나타나기 때문이다. 이것이 뇌손상은 회복이 어렵다는 인식의 한계를 넘어서는 노력이 계속되어야 하는 이유다.

뇌와 팔·다리의 관계

팔다리에 장애가 생기면 스스로 생활하는 것이 어려워진다. 두 다리는 몸무게를 지탱하고, 전체 골격과 근육의 절반 이상은 다리에 있으며 일생 동안 소모하는 에너지의 70% 이상을 팔다리가 사용한다. 가장 큰 관절과 뼈는 팔·다리에 모여 있다. 다리에는 온몸에 있는 신경과 혈관의 절반이 있으며 몸의 혈액 절반 이상이 흐르고 있다고 한다.

손상 정도에 따라 팔다리로 신호를 전달하는 속도가 현저히 낮거나 느려진다. 손상되지 않은 반대편 팔·다리마저 어눌해진다. 이때 생명공학 의학 연구로 규명된 시냅스 자극으로 뇌의 기능을 깨워 최대한 빠른 회복을 볼 수 있다.

팔 재활을 위한 여러 가지 기구나 근력 훈련도 시냅스 자극으로 팔 기능이 회복되는 것을 볼 수 있다. 서고 걸을 때 팔까지 관여하는 불필요한 팔 동작은 쉽게 없어지지 않는다.

오작동이 일어난 기간과 재활 시간은 반비례한다. 지속적으로 시냅스를 자극하면 경직된 팔과 손, 손가락마다 오작동 되던 것을 완화시킬 수 있고, 그뿐만 아니라 마음으로 제어하는 전문적인 반복 교육과 훈련도 필요하다.

상대 지시에 따라 팔다리 등 동작을 정확히 따라 하지 못하면 손상이나 노쇠 현상으로 취급했다. 누구나 뇌와 동작이 하나 되게끔 반복적으로 동작을 일치시켜 주면 뇌뿐 아니라 연결점을 오래 가지고 갈 수 있어 많은 도움이 된다.

방법은 마주 앉아 지시대로 팔다리 동작 게임을 반복하면 뇌와 몸동작이 하나로 정렬되는 개념이다.

4. 척수장애의 재활

척수손상은 일정 기간 회복되지 않으면 되돌릴 수 없는 것으로 알고 있다.

1차 의료 치료와 2차로 재활치료를 통해 스스로 살아갈 수 있도록 돕는 재활이 중요하다. 희망적인 것은 치료법이 발전하고 있다는 것이고, 건강과 근력을 최대한 유지해 향후 새로운 치료법과 웨어러블 로봇 등을 장착할 수 있는 몸 상태를 준비해야 한다.

소·대변 처리와 욕창, 간단한 일상생활까지도 이들에겐 생존 싸움이라 해도 과언이 아니다. 재활기구 구입, 재활 방법 등을 돕는 재활병원 사회사업실과 같은 맞춤형 생활재활센터가 반드시 세워져 누구에게나 필요한 재활 정보 상담이 이루어져야 한다.

척수장애는 소·대변 감각 훈련, 조절과 처리까지 스스로 할 수 있는 단계의 재활은 개인차가 있다. **혼자서는 훈련하기 어렵기 때문에 정부와 전문 기관, 가족과 이웃들의 개입이 필요하다. 환자 스스로 소·대변 처리만 할 수 있어도 활동을 늘리고, 사회적 비용을 크게 줄일 수 있다.**

하루빨리 재활 전문의와 생활재활 경험자와 전문가들을 갖춘 **생활재활센터 시스템을 만들면** 초고령 사회에 사는 우리는 인체 회복과 행복지수를 높일 수 있다. 생활재활센터는 간병이 필요 없게 하거나 줄여 주기에 가족과 사회로부터 단절되는 것을 막아 주어서 비용 절감 등을 이룰 수 있는 미래 사회의 복지 대안이다. 또한 검증되지 않은 정보로 환자와 가족이 시간과 비용을 낭비하지 않도록 정확하고 입증된 정보를 제공해야 한다.

특히 척수불안정 손상은 발목 밀기와 발목 뻗기로 많은 부분 회복이 가능한 손상이어서 의료재활도 계속할 수 있게 도와야 한다.

5. 사람이 서고 걷는 작동 원리

사람은 발목을 스스로의 힘으로 올리고 내릴 수 있으면, 서고 걸을 수 있다. 손상으로 서고 걷지 못하면 당장 신변 처리의 문제로 스스로 생활이 어렵게 된다. 수술치료가 끝나면 재활을 시작하지만, 재활 진전은 천차만별이다. 시간이 지날수록 경직되어 어렵게 된다.

서고 걸을 수 없으면 시냅스 자극으로 회복을 돕는다. 다만 발목 밀기 동작을 시행하기 전 반드시 정형외과나 재활전문의에게 검사 후 골다공증이나 운동 범위 등 유의 사항을 처방받아야 한다. 치료사도 기존의 재활치료에서 새로운 뇌 메커니즘을 이해하고, 작동 원리에 맞게 배워서 시행해야 한다.

손상 이후 오랜 시간 방치되면 발목이 굳어 발목 밀기도 어려워 시냅스 자극에 어려움이 된다. 시냅스 자극으로 감각과 기능을 깨워 움직임이 있어도 굳은 발목이 수평으로 움직이게 된다.

척수손상 마비와 불안전마비는 회복이 불가하거나 돌아와도 완전하지 않은 것으로 인식되어 왔다. 시냅스 자극은 회복 가능 여부를 알 수 있는 방법 중 하나다. 미세하게 남은 기능도 회복에 등한시하면 결국 퇴보하므로 운동을 꾸준히 해야 한다.

1) 실행 방법

시냅스 자극을 위해 발목 밀기와 뻗기로, 인대(아킬레스건)와 근력 증대로 발목을 올리는 각도와 힘이 커져 운동기능과 감각신경들까지 최대한 깨우는 것을 볼 수 있다.

(1) 발목 밀기 기본 동작

— 먼저 골다공증 유무를 확인받고 재활병원에서 하는 **발목 밀기와 발목 뻗기** 기본 동작은 같다.
— 의자에 마주 보고 앉아 발을 평행으로 든 높이에서 왼손바닥으로 발목 뒤축을 가볍게 받쳐 잡고 오른손바닥으로 발바닥을 감싸 민다.
— 조심히 서서히 밀면서 발 부위에서 당겨지거나 아픔 등을 느끼는 순간 반드시 '앗' 소리로 뇌가 당겨짐이나 아픈 부위를 한 번 더 인지할 수 있도록 말하게 한다.
— 밀면서 당겨지는 곳을 제로 지점으로 보고 1만큼 힘을 주어 밀어 3, 5, 7초 간격으로 늘여가며 밀다가 놓는다.
— 놓으면서 반드시 당긴 부위와 시원한 느낌을 말하게 해 인지하게 한다.
— 발을 빙 돌려 걷거나 통째로 들어 걷거나 끌듯이 걷는 경우 발목 밀기와 뻗기 동작을 따로따로 하다가 당기고 뻗는 동작을 대상자와 실행자가 리듬을 맞춰 시행한다.
— 이 동작이 어느 정도 되면 힘을 주어 발을 뻗으라고 하고, 뻗어

전해지는 본인의 미는 힘을 알 수 있게 인지시킨다.

(2) 발목 밀기 세부 동작

— 뼈가 약하거나 처음 시작하는 사람은 엄지로 발바닥 상부를 미는 동작으로 인대 상태를 점검한다.

— 시냅스 자극이 될 수 있는 밀기와 뻗기 동작을 알고 시행할 때 인체 변화는 다른 부위로 계속된다.

— 첫 번째보다 두 번째 당김으로 인대 늘림이 커짐을 바로 알 수 있다.

— 지속하면 인대 수축 방지와 다른 부위의 감각도 깨우는 변화를 알 수 있다.

— 동작으로 당김과 시원한 부위를 말하고 가리키게 해 뇌인지를 확실하게 한다.

— 당김도 무릎 위쪽 이곳저곳에서 종아리 쪽으로, 발목인대로, 제자리로 내려올 때까지 지속적으로 해야 하고, 모든 동작을 하기 전 항상 기본적으로 해야 한다.

— 발목 밀기와 뻗기 동작을 호흡을 맞춰 당기고 미는 동작을 함께 연속적으로 한다.

— 두 발을 들어 올리는 상태가 되면 두 발을 되도록 평행을 유지하며 연속으로 교차하게 한다. 허벅지와 옆구리 근력에 도움이 된다.

— 앉은 상태에서 어릴 적 개울가에 앉아 냇물에 발을 담그고 퐁당거리듯 가볍게 다리를 교차하는 동작은 무릎 관절 운동이 된다.

— 마비된 부분의 감각을 느끼면 직접 만지게 해 느낌을 뇌와 함께해 줘야 더 효과적이다.

— 앉은 자세에서 발목을 잡고 위로 올리며, 무릎이 굽지 않게 누르고 V자형이 되게 들어 올려 대퇴부가 당기는 지점에서 1만큼 올리며, 3초 정도 정지한 후 내리는 식으로 허벅지 근력과 감각을 깨운다.

— 발목을 끌어 올리는데 일어서지 못한 경우 의자에 앉아 상체를 엎드려 굽히듯 숙이며 일어서게 하면 쉽게 일어설 수 있다.

— 설 수 있으면 책상을 잡고 일어나 앉는 동작을 반복하고 제자리걸음 동작도 한다.

— 걸음도 처음은 가볍게 한 손을 잡고 걷는 연습으로, 걷지 못한 두려운 기억을 이젠 걸어도 안전하다는 것을 경험한 후 걷게 하면 쉽다.

— 당김이 종아리와 무릎 위 뒤쪽으로 올라간 만큼 몸의 중심도 올라간 것을 뜻한다. 발목 밀기와 뻗기를 계속하면 인대 뒤쪽으로 내려와 섰을 때보다 안정감을 가진다.

— 기타 개인별 상황에 맞는 동작들은 여러 가지가 있다.

— 더 이상 동작이 진전되지 않는 슬럼프의 시간이 올 수 있다. 대부분 한 단계 올라가기 위한 과정이므로 발목 밀기와 뻗기 동작을 끈기 있게 해야 한다.

(3) 요추 손상의 경우

발목이 힘없이 덜렁거리는 현상이 나타나는데 마치 나사가 풀린 상태와 같다. 발목 밀기와 뻗기 동작을 계속하면 나사가 조여지듯 힘이 붙는다. 미는 동작을 못 하면 발을 통째로 들어 옮기거나 끌게 된다. 무릎 관절도 구부러지지 않지만 계속 밀기와 뻗기 동작을 호흡을 맞춰 반복한다. 발바닥을 힘 있게 밀기 시작하면 무릎도 굽혀 발을 들지 않고 옮기게 된다.

— 발목을 끌어올리지 못하는 경우 앉아서 두 발 중 손상이 큰 쪽을 들라고 하면 손상된 크기만큼 들리지 않는다. 발목 밀기 몇 번만으로도 들리는 경우도 있고, 변화를 알 수 있어 계속하면 나란히 두 발을 들어 뻗어 올리게 된다.

(4) 발목 밀기로 당김이 없으면 위험신호다

발목 밀기와 뻗기로 서고 걷다가 서서히 동작이 어려워지면 발목(인대)의 수축을 의심해야 한다. 발목 밀기 동작을 해도 당기는 느낌이 사라졌다는 것은 몸의 중심이 대퇴부 위로 올라갔다는 경고와 같다. 이때를 소홀히 하면 시간이 지날수록 와상 상태가 되고 심해지면 무릎이 가슴 위쪽으로 끌어 올라간다는 신호다. 요양원에서 쉽게 볼 수 있는 자세로 태아가 웅크리고 있는 듯한 모습이다. 당김을 내려오게 하려면 발을 무릎이 굽지 않게 누르고 발목을 잡고 V자로 위로 올려보면 발목을 밀 때 느끼던 당김이 종아리나 허벅지 아래로 내려옴을 알 수 있다. 양쪽 발 모두 한 쪽씩 들어 올리는 동작과 겸하여 발목 꺾기에 집중하면 인대 부위로 당김이 내려온다. 사람은 발목 인대 힘으로 버틸 때 중심이 잡힌다.

(5) 발목 밀기와 뻗기 개념의 이해와 변화

재활은 인체의 변형을 막고, 기능 회복과 눈으로 확인할 수 없는
잔존 신경을 깨우는 적극적인 의미를 가진다. 재활치료 결과가 감각
과 운동기능 회복이지만 엄밀히 다른 이유가 있다.

뇌의 오감을 이용한 재활 동작이 되어야 한다. 물리적인 도움만으
로 원래대로 돌아가기란 어렵다. **기존 재활의학에 뇌·신경을 깨우는**
(뇌 활성화) **시냅스 자극을 반드시 병행해야 하는 이유다.**

— 앉아서 발을 들라고 할 때 쉽게 들지 못하는 경우 발을 들라는
  표현보다 밀라는 표현에 쉽게 들어 올림을 볼 수 있다. 여러
  번 하다 들라고 하면 쉽게 하는 뇌의 메커니즘을 이해할 때
  여러 가지 방법을 동원할 수 있다.
— 시행자가 강한 톤으로 지시하면 대상자 동작에도 힘이 들어가
  는 것처럼 말소리도 뇌에 영향을 주듯 상호관계를 한다.
— 동영상은 뇌의 기억 증가와 깨우는 데 효과적이다.
— **감각·운동기능 회복과 함께 소·대변 등 내부 생식 기능도 차츰**
  개선에 도움이 된다.
— 소·대변 느낌이 생각인지 진짜인지 구분이 어려워 지속적으
  로 관찰이 필요하다. 몇 번의 시도로 끝나면 남아 있을 수 있는
  기회를 놓칠 수 있다. 규칙적으로 시간을 정해 재활 전문의의
  도움을 받아 배변 훈련을 해야 한다.
— **감각이 돌아오는 느낌을 뇌에 확인시켜야 효과적이다.** 발목 밀기
  를 하면 다리 부위로, 당김이나 통증 신호는 인대(아킬레스) 부
  위로 자리하기까지 당김이 여러 곳으로 옮겨 다니다 제자리인

발목인대 부위로 고정된다.

* 주의사항

손상 후 회복 정도를 정확히 말하기란 어렵지만, 보편적으로 경추와 요추(천추) 경우 완전 손상은 적다. 그동안 흉추 손상은 마비 진단 후 짧은 기간 치료를 하다 안 되면 생활재활에 전념했지만, 발목 운동으로 변화가 없어도 할 수만 있으면 계속하는 것이 좋다.

완전마비도 마찬가지다. 생활재활훈련과 함께 방광 감염, 욕창, 소·대변 조절 훈련 등 재활 전문의와 비뇨기과, 항문외과의 도움을 받아 각자에게 맞는 방법으로 지속적으로 해야 한다.

2) 발목 밀기와 뻗기 동작의 효과

— 뇌 활성화로 인지에 좋고, 아킬레스건(인대) 강화로 균형감이 증가한다.
— 척수장애인보다 뇌졸중 편마비 장애 경우 쉽게 회복을 볼 수 있다.
— 운동과 감각신경 회복과 관련 내부 생리기능도 개선된다.
— 발목을 끌어 올리고 뻗는 것으로 서고 걷는 것이 결정된다.
— 발목(인대) 경직은 서고 걷는 데 방해가 되는데 전문의의 진료가 필요하다.
— 골반을 돌려 걷던 이도 아킬레스건(인대) 강화로 바르게 걸을 수 있게 도움을 준다.

— 요추 손상으로 힘없이 걷는 사람에게도 안전한 보행에 도움이
  된다.
— 마비 쪽 팔, 눈과 언어 재활에도 도움이 된다.
— 손발 저림의 원인은 여러 요인일 수 있으나 대부분 무리하게
  걷거나 잘못된 자세로 경추에 무리가 생기면 나타난다. 바른
  자세를 유지하고 목 돌리기 스트레칭만 해도 목과 어깨 근육
  완화에 도움이 된다. 심해지기 전 전문의의 진료를 받는 것이
  좋다.

3) 척수장애의 소·대변 처리

— 재활병원에서 소·대변 처리 방법을 배워 감염과 위험을 줄인다.
— 카테타를 요로와 배꼽 밑에 관을 삽입하는 방법과 소독된 1회
  용 소변용 카테타를 비뇨기과에 신청해서 국가 지원을 받을
  수 있다. 손을 사용할 수 있거나 보호자가 있는 분들은 1회용
  넬라톤을 적극 추천한다.
— **힘으로 보는 배뇨 처리는 역류로 간혹 투석까지 이어질 수 있어**
  정기적으로 진료와 검사를 받아야 한다.
— 휠체어 이용이 편리한 2, 3차 병원 비뇨기과를 정해 놓고, 정기
  적으로 관리를 받는 것이 좋다. 제대로 관리하지 않으면 만성
  방광염으로 **투석을 해야 하는 상황이 올 수 있다.**
— 요추 1, 2번이 손상되면 1~2년 후 항문이 열리는 경우가 많다.
  당황하지 말고, 항문외과나 비뇨기과에서 정기진료를 받는다.
— 마비로 장운동이 멈추면 항문외과나 비뇨기과의 도움을 받는

다. 배변은 좌약과 물약과 먹는 약이 있으나 평소에 운동이나 입을 모아 들숨과 날숨을 소리 나게 하는 동작과 복식호흡 등으로 장운동에 도움이 되게 한다.

— 설 수 있으면 안전봉을 잡고 뒤꿈치를 들어 올리며 항문을 조이는 동작도 도움이 된다. 할 수 없으면 누어서라도 자주 조이는 동작을 한다.

— 재활 전문의와 비뇨 전문의는 정해서 정기적인 진료 상담을 가질 때 합병증 예방과 많은 도움을 받을 수 있다.

경수와 흉수 손상 시 배변

마비로 장의 연동 작용이 멈춰 정상적인 배설기능을 할 수 없는 경우 복벽을 통해 인공 배설 통로인 인공항문을 만들어 생활하기도 한다. 좌약, 관장약, 복용약 등과 변비를 돕는 여러 식이섬유 제품들이 있었으나 개인적으로 30년 변비 문제를 '00구렁이' 식이섬유 제품 등이 많은 도움이 되었다. 다만 섭취 후 배변 기간을 정해 처리한 후 활동을 하는 것이 좋다. 배설을 못 하면 심한 통증을 유발하게도 된다. 마사지와 운동으로 장을 움직이게 해야 하나 만약 움직이기 어렵다면 이용로 척수장애인 체육학 박사가 개발한 앉은 자세에서 운동할 수 있는 재활기구를 권한다.

4) 뇌척수 손상자의 생활재활

— 장애를 받아들이고, 재활전문병원의 전문적인 도움을 받는다.
— 재활병원과 비뇨기과 정기진료가 안전하고 경제적이다.

— 무분별한 재활기구 구입은 이용보다 보관 부담까지 있다.

— 신체 기능 수준의 생활과 함께 이용할 재활용품 위주로 구입한다.

— 척수손상은 소·대변 처리를 스스로 할 수 있는 방법과 소모품 구입처를 확보해 둔다.

— 성생활에 대해서도 재활병원과 비뇨기과의 도움을 받을 수 있다.

5) 욕창

— 마비로 겪는 욕창은 2~4시간마다 체위 변경으로 예방할 수 있다.

— 한 곳으로 오래 피부가 짓눌리면 염증과 괴사가 시작된다.

— 마비 장애인은 전기장판, 핫팩 등에 몇 분만 두어도 데어 물집이 욕창이 되므로 주의해야 한다. 난로도 마찬가지다.

— 욕창은 수술 후 재발도 심하고 일상생활 자체가 불가하게 만들기 때문에 욕창 예방에 주의해야 한다.

— 욕창이 없을 때도 항상 바닥과 접촉되는 부위를 살피고, 상처나 짓무른 부위를 치료하고 소독 후 압박하면 낫기 어렵다.

— 심하면 성형외과 전문의의 수술 방법도 있다.

> ◎ 느릅나무(유근피)* 뿌리 가루 사용
>
> 유근피의 효험은 『동의보감』에 이미 증명되어 있다. 다만 사용 방법을 제대로 알지 못하는 분들을 위해 30년간 사용한 사례를 소개하고, 도움을 원하시면 도와드리고 있다.

전문 한약재 시장에서 국산을 구입하는 것이 믿을 수 있고 효능이 좋다. 가격도 분량에 따라 개인은 몇만 원 정도면 오래 두고 사용할 수 있다.

뿌리 분말 사용을 권한다. 짓물러진 곳이나 이미 괴사된 상태에 따라 먼저 알코올로 소독하고 분을 바르듯 하는 방법과 괴사된 곳에 극미량을 넣어 거즈로 가리는 방법 등이 있다. 방법에 따라 효과가 달라서 전문적으로 배워서 해야 한다.

균이 있으면 고름과 같은 이물질이 계속 흘러나오다 더 이상 없으면 가루가 수분과 만나 딱지처럼 된다. 염증과 이물질을 다 빨아내면 속에서부터 빨갛게 살이 될 세포들이 차올라온다. 이때 눌리면 살이 될 세포가 깨져 빨간 피가 나온다. 압박을 줄이거나 막기 위해서 거즈 같은 부드러운 것으로 완충 작용을 하면 도움이 된다.

처음 물집 형태는 터트려 피부를 벗기고, 소독 후 분말 가루를 분 바르듯이 엷게 바르고 선풍기 바람을 30여 초 쏘이면 딱지가 되어 피부 역할을 하게 한다. 딱지 보호와 바로 눌림을 방지하기 위해 소독거즈로 보호해 두는 방식이다. 욕창은 처음 생길 때 바로 막아야 치료가 쉽다.

괴사가 깊은 곳은 전문적인 경험자의 사용법을 배워서 하는 것이 좋다. 한의 진료와 조언도 도움이 된다. 공기가 통하게 거즈가 떨어지지 않을 정도로만 느슨하게 고정한다. 욕창 부위는 압박하면 딱지가 피부를 눌러 오래 걸린다.

유근피의 성질은 차며 독이 없다. 다양한 성분을 함유하고 있어 여러 가지 치료 약재로 사용된다. 그중 플라보노이드 성분은 외부의 바이러스 침입을 막아 주고, 신체 면역기능을 향상시키는 데 도움을 준다. 특히 항균, 살균작용이 탁월해서 종기, 종창 등 치료에 효과가 있다. 다만 양·한방의 의료적 인식과 협의가 용의하지 않아 병원에 서는 사용하기 어렵다.

6. 뇌졸중 장애

여러 요인으로 인한 장애는 발목 꺾기로 감각과 운동기능 회복에 효과적이다(발목 밀기 참조).

7. 뇌성마비 장애

선천적 원인과 후천적으로 약물과 환경공해와 난산 등 사회적 책임이 커 모두가 도와야 한다. 뇌 손상으로 발음하기 힘들고 발목 인대 수축으로 까치발로 걷다가 인대 수축이 심해지면 서지도 못하고 걸

---

* 동의보감에 언급한 느릅나무(유근피)는 줄기와 잎과 뿌리까지 환과 차 등으로 이용하기도 하고, 으깨어 환부에 바르기도 한다. 건강을 위해 뿌리를 갈아 꿀 과 섞어 환으로 먹기도 한다. 사용해 본 결과 욕창엔 뿌리를 곱게 갈아 분말 로 사용하는 것이 효과적이다. 일반가정에서는 만들기 어려우나 경동시장 등 과 같은 한약재를 취급하는 곳에서 사용하기 쉽게 분말로 만들어 준다.

을 수 없게 된다. 발이 교차형식으로 꼬이며 척추측만증 등 추가적인 문제가 생긴다.

인대(아킬레스건) 수술 방법이 있고 경·중에 따라 결과가 좌우된다. 수축을 막거나 줄일 수 있는 단순해 보이는 발목 밀기와 뻗기가 중요하다. 치료가 늦어지면 두 발 교차로 꼬이게 되어 누워 지내거나 지지를 해 줘야 앉을 수 있다.

재활 방법

(1) 발목 밀기와 뻗기

뇌성마비 역시 반드시 전문의로부터 골다공증 진단을 확인하고 운동 재활에 들어간다. 초기일수록 효과가 좋다. 태어난 지 1년 전후 영아는 발이 한 손에 들어올 만큼 작아서 동작하기는 쉽지만 뼈 발육이 연약하고 발목 인대 구분이 안 될 정도여서 전문의로부터 발목 상태를 검진받은 뒤 시행한다.

시간 있을 때마다 힘으로 밀기보다 가볍지만 약한 힘으로 발목 밀기와 뻗기를 조심스럽게 반복한다. 꾸준히 하면 어느 단계에 이르면 변화를 알 수 있다.

시행 후 발목인대에 힘이 생기기 시작하면 앉혀도 넘어지는 속도나 앉아서 버티는 시간이 늘어감으로 진전을 알 수 있다. 오랜 시간 완전히 굳어 고착이 심한 경우 수술 후, 할 수 있다.

발목 밀기를 한 후 발목을 끌어당기라고 하면 대부분 두 발이 위로 들리는데 이때도 반드시 반대쪽 발은 들리지 않게 잡아 주어 뇌와 발 위치 기능의 구분을 학습하게 해야 한다. 뇌 손상으로 인한 뻗치는

특성상 삼발이에서 교차되는 현상도 발목인대 수축이 영향이 크다
(발목 밀기와 뻗기 부분 참고).

※ 교차된 발을 벌리는 재활 방법

교차된 발을 제 위치로 돌리고자 떼어 놓으려 할수록 더욱 경직된다.
이때 허리 부분과 무릎과 허벅지 사이에 손을 넣고, 평형으로 2~30㎝ 정도
들어 올리는 동작으로 대부분 자연스럽게 두 발이 제 위치로 돌아가는 것을
볼 수 있다. 이 동작을 계속해 뇌에 역으로 교차하면 안 된다는 반복 신호로
완화에 도움이 되는 방법이다. 너무 오래되어 굳어 어려운 경우는 되돌릴 수
없게도 된다. 전문의 진료 후 수술 결과, 가능한 경우는 할 수 있다.

※ 뇌성마비 재활사례

인체 회복 운동을 알게 되면서 98년 연세대학 소아 재활병원에서 돌이 지나지
않은 재선이를 만난 것이 뇌성마비 재활의 시작이다. 눈도 못 맞추고, 몸도
가누지 못했지만, 소아 재활을 받는 동안 매일 발목 밀기에 어머니와
전념했었다. 아기의 발목 경계조차 구분이 안 될 정도여서 처음엔
조심스러웠지만, 천천히 가볍게 하는 동안 구분이 되기 시작했고, 하는 만큼
몸을 가누기 시작했다.
퇴원하여 나와 어머니의 계속된 발목 밀기의 결과 발목을 움직이기 시작했고,
하루가 다르게 변화해 갔다. 서고 불안전하게나마 걷기 시작했지만, 4살 정도
될 때까지 소·대변 감각이 기능을 못 하여 소변 줄을 하고 있어 잦은 소변
감염으로 응급실을 다녀야 했다.
이미 서울대학병원 소아비뇨기과에서 진료를 받고 있었다. 그동안 경험으로

보아 서고 걷기 시작하면 소·대변 감각이 돌아오는 시기임을 알고 있기에 세심한 관찰을 요구했고, 1년 후 소·대변 감각이 돌아오기 시작했다. 방광에 삽입한 소변 주머니 대신 자가 도뇨 '카테터'로 소변 처리를 시작하면서 더욱 뚜렷하게 감각이 살아나는 등 서고 걷기, 언어 등 전반적인 발전을 했다. 그 후 나는 다른 많은 일들로 재선이를 계속 관리할 수 없어 어머니가 전담하게 되었다.

특수학교를 마치고 우리 현실에서 계속된 재활은 어려워 아이와 부모님들이 힘들어하고 있다. 계속 관리가 가능했다면 지금보다 상황은 많은 회복이 있을 것이라 확신한다. 하루빨리 생활재활센터를 만들어 그동안 체득한 인체 회복 운동과 생활재활을 할 수 있기를 기도한다.

(2) 언어 재활

말할 때 단전의 힘을 모으기 위해, 필요치 않은 팔다리 등 온몸의 경직을 볼 수 있다. 단전에 공기를 채우기 위해서, 필요치 않은 팔다리 힘을 동원하려고 하지만 힘을 주는 만큼 뇌성마비 특성상 더 뻗친다. 단전의 공기로 말을 하기 위해서 기도와 구강경직으로 이어져 발음과 소리 크기를 저해하게 된다. 신경전달도 늦고 약하여 놀라게 하거나 힘을 주게 되면 상체는 꼬이고 관절은 뻗치는데, 발목 꺾기로 발목을 끌어올리는 변화만큼 언어 구사를 쉽게 할 수 있음을 확인할 수 있다.

— 언어치료사의 교육과 훈련으로 교정한다. 집에서 쉽게 할 수 있는 방법으로 들숨과 날숨을 쉽게 할 수 있게 하고, 단전에 느낌을 알 수 있도록 복식호흡부터 시작한다.

— 말을 조금이라도 하는 경우 처음은 먼저 읽고, 함께 맞추어 읽어가는 방법으로 소리의 크기에 신경 쓰지 말고, 말의 시작을 쉽게 할 수 있게 유도한다. 방법 중 하나로 숫자를 따라 읽게 하고, 숙달되면 혼자 하게 한다.

— 말은 단전의 공기 크기가 기도를 거쳐 구강(口腔)에서 입 모양을 만들면 정확한 발음과 소리의 크기가 결정된다. 강압적인 언어 구사는 뇌를 긴장시켜 팔다리에 힘이 들어가고, 고개가 들리며 목과 기도가 줄어들고, 위턱과 아래턱까지 비틀림으로 전환되어 교정에 어려움이 고착되는 결과를 낳는다.

— 뇌가 긴장을 적게 할 수 있게 여유를 가지면 소리가 작더라도 되도록 자연스럽게 따라 하게 하는 방법이다. 처음부터 크게 소리 내는 것은 배제하고, 자연스럽게 나오는 말 크기로 시도한다.

— 먼저 수준에 맞게 일, 십, 백, 천만, 십만, 백만 단위를 노트에 적어 읽게 한다. 성급하게 생각하지 말고, 여유를 가지고 릴렉스(relax)하여 리듬을 두고 훈련해야 한다. 항상 들숨과 날숨을 소리 나게 하는 방법과 복식호흡은 많은 도움이 된다.

가장 중요한 시냅스 자극으로 말하는데 필요치 않은 팔다리 등 경직을 완화시켜 주는 발목 밀기 동작은 항상 기본으로 해야 한다. 편마비 언어 장애도 같은 방법이다.

8. 당뇨 재활

1) 경험으로 본 재활

당뇨병은 만병의 원인이다. 의사는 당뇨 환자에게 식사하고 나서 운동을 하라고 권한다. 무슨 운동을 얼마나 하라는 것인지 알 수 없다. 재활에 관심이 많던 때라 운동 범위와 시간을 알기 위해 병원에 입원 때마다 당 환자들에게 식후 20~30분 후 계단을 오르내린 뒤 체크를 해 보면 당수치가 현저히 낮아진 것을 알 수 있었다. 계속하다 보면 나름의 원칙을 정할 수 있다.

병원 식사는 규칙적이고 시간에 맞춰 당 체크를 할 수 있어 자신에 맞는 운동 범위와 방법을 알 수 있는 좋은 기회다. 당뇨병이 있다면 전문의의 지도 아래 식습관을 바꾸고, 먹은 만큼 기준을 정해 운동을 하는 방법이 최선이다.

2) 실행 방법

초기: 당뇨 초기 진단을 받고 주치의의 식습관 개선이 필요하다고 해서 믹스커피를 끊었다. 하반신 마비로 특별한 운동을 하기 어려워 휠체어에 앉아 상체를 아래위로 드는 운동으로 관리하고 있다.

중증: 전문의가 있는 병원에 입원했을 때가 기회다. 담당 의사와 상담 후 계단 오르기 같은 운동법으로 도움을 받아 꾸준히 시행하면 변화를 알 수 있다.

3) 다이어트와 비만 그리고 당뇨

강원 KBS 프로그램 '지금 이 사람'에 방영한 강북삼성병원 박용우 교수의 방송 내용이다.

우리가 몸을 관리할 때 뱃살이 중요하다. 몸을 건강하게 젊은 몸으로 관리한다는 것, 그 자체가 노화 방지가 되는 것이다. 1990년 서울 대병원 건강증진센터를 오픈할 당시에는 다이어트, 비만은 질병에 속하지 않았다. 비만을 질병으로 생각하지 않고, 위험인자로 생각한 것이 문제였다.

우리가 비만을 만병의 원인으로 알고도 언제든 마음만 먹으면 옛날 체중으로 돌아갈 수 있다고 생각하는 것은 잘못이다. 질병이라고 생각해서 지금 바로 운동해도 예전 몸으로 돌아갈 수 없다. 더 나빠지지 않기 위해서 적극적으로 관리해야 한다.

관리 방식으로는 첫째, 간헐적 단식을 권한다. 둘째, 일부러 적게 먹을 필요 없이 맛있게 많이 먹어도 된다. 셋째, 진짜 배고픔과 가짜 배고픔을 구별한다.

"왜 아직도 비만한가?" 물어보면, "많이 먹어서요"라고 한다. 많이 먹어서가 아니라 쉬지 않고 먹어서다. 지구상에 생존하고 있는 동식물 모든 생물은 24시간 주기로 계속 반복되는 생물학적 사이클을 갖고 있다.

우리가 낮에 깨어 있는 정상적인 생활에서는 4시간 자면 배고프고, 점심 먹고 3~4시간이 되면 출출하고, 저녁때가 되면 다시 배고프다. 재미있는 것은 저녁을 먹고 나서 다음 날 아침까지 잘 수 있는 것은 배가 고프지 않아 잘 수 있단다. 우리 몸속에 생리적인 자연스러운 현상이다. 저녁까지 먹고 해가 지면 우리 몸은 활동 모드에서 휴식과 수면 모드로 바뀌고 식욕이 떨어진다. 해가 뜨면 활동 모드로 바뀌고 허기감이 생긴다. 그러나 밤낮없이 전깃불을 켜고 그 불빛 아래 생활하면, 즉 숙면을 취하지 못하여 수면 리듬이 깨진다. 우리 몸의 정상적인 생리주기가 깨져 시도 때도 없이 배가 고프게 된다. 배고픔 조절 기능 생체리듬이 깨지면 몸이 지방을 쓰지 않는 몸으로 바뀌어 지방은 차곡차곡 쌓이고, 몸의 지방을 쓰지 않는 몸으로 바뀐다.

간헐적 단식은 예를 들어 저녁 7시에 먹고 다음 날 아침 7시에 먹는 12시간 간격의 식사를 말하는데 실천하기 쉽지 않다. 호르몬의 기능이 깨진 사람은 12시간으로 부족하여 14시간을 권하는데, 이런 사람은 9시에 식사해야 하는 것이다. 나머지 시간에는 칼로리가 발생하는 음식 섭취는 안 되고 물은 괜찮다.

이 방법은 위장 기관과 우리 몸에 조절 시스템을 관여하는 호르몬들, 각종 화학물질들에게 충분히 휴식을 취하게 한다.

당뇨가 오는 이유는 이렇다. 인슐린 호르몬 같은 경우에는 저녁을 먹고 분비했다가 4시간이 지나야 바닥으로 떨어진다. 우리가 잠자리에 들어야 인슐린이 밤새 쉴 수 있는데 저녁 먹고 나서 4시간 후 또 먹으면 밤새 호르몬이 일을 하고, 아침을 먹으면 다시 일을 해야 하니 이렇게 12시간 일하는 것을 3일간 반복되면 호르몬에 이상이 생긴다. 몸은 적게 먹으면 스트레스를 받는데, 비만을 적게 먹는 것으로 해결하려면 얼마나 먹느냐는 각자의 몸이 이야기해 준다. 먹는 종류와 양은 각자 몸에서 나오는 호르몬 작용으로 정해야 하는데, 그 호르몬이 제대로 작용하면 내 몸에 적당한 음식이 들어오면 알아서 수저를 내려놓게 한다. 이 호르몬이 제대로 작동을 못 하면 이미 에너지가 넘치게 들어왔는데도 계속 배고프다. 렙틴 호르몬은 포만감에 관여하는데 뚱뚱한 사람은 렙틴 호르몬의 작동 능력이 떨어져 있다. 이들은 적당량보다 많이 먹어야 포만감을 느끼기 때문에 살이 찌게 되는 것이다.

간헐식 단식으로 음식물 섭취를 조정하여 이 호르몬을 예전 수준으로 돌려놓으면 이전만큼 못 먹거나 적게 먹어도 똑같은 포만감을 느낀다. 어떤 종류의 음식을 먹느냐 하는 것은 중요한데, 무엇보다 상대적으로 탄수화물 섭취를 줄여야 한다. 탄수화물의 상대적인 과잉 섭취가 렙틴과 인슐린 호르몬을 교란시키기 때문이다. 그래서 건강 방향으로 가려면 의도적으로 탄수화물을 줄이려고 노력해야 한다.

밥을 얼마나 먹는지는 신체 활동량으로 결정한다. 먹은 만큼 몸을 움직여야 한다. 살아가는 동안 건강에 소홀하면 고혈압과 고지혈증과 당뇨 환자가 되는데 당뇨는 치매 발병률이 3배는 높아진다. 현대인들은 만성 스트레스에 시달리며 이를 손쉽게 해결하기 위한 방법으로 알게 모르게 단 음식을 많이 섭취하고 있다.

진짜 배고픔과 가짜 배고픔이 있다. 진짜 배고픔은 우리 몸이 정말로 에너지가 부족해서 음식을 요구하는 것이고, 가짜 배고픔은 우리 몸의 생리적인 조절 시스템이 아닌 그 위의 보상 시스템에 의한 지배를 받으면 느끼는 것이다. 때맞춰서 끼니를 먹는 현대인들은 진짜 배고픔을 느낄 겨를이 없다. 가짜 배고픔의 주범이 되는 달달한 탄수화물은 과식이나 폭식을 일으킨다. 생리적으로는 충분하지만,

뇌에서 '이건 더 먹어야 해' 한다. 그런 폭식을 부르는 음식에서 멀어져야 건강할 수 있다.

운동은 깨어 있는 16시간에 중에 한 시간 운동하고 15시간 앉아 있는 것이 더 나쁘다. 물론 운동을 안 하는 것이 제일 문제다. 운동을 안 하는 대신 앉아 있는 시간을 줄여야 한다. 즉, 그나마 운동을 안 하더라도 자주 서 있거나 걷는 것이 좋다. 헬스클럽에서 한 시간 운동하거나 뒷산에 가서 한 시간 걸으면 건강관리 다 하고 있다고 생각하지만, 사무실에서 하루 종일 앉아 있으면 훨씬 몸에 나쁘다. 박 교수님은 진료 시간도 서서 진료를 하고, 환자에게도 서서 진료를 받으라고 한단다.

교수님은 다이어트라고 말하지 않는다. 내가 더 건강해지고 건강을 유지하는 방법을 말한다. 식이요법만 이야기하지 않고 스트레스 조절, 수면의 질, 앉아 있는 습관 버리는 것 등을 총체적으로 말하고 있다. 그러면 자연히 건강해지고 뱃살도 빠지고 체중도 줄어드는데, 몸무게를 몇 킬로그램에 맞춰야겠다는 것은 잘못된 다이어트다.

내가 지금보다 건강한 몸이 되려고 노력해서 혈압도 떨어지고, 혈당도 좋아지고, 약을 끊었는데도 콜레스테롤도 안 올라가고… '그렇게 노력했더니 이제 살이 빠져 있네' 이런 것이 다이어트다.

9. 재활 회복은 뇌를 깨우는 일이다

1) 뇌신경 장애

우리 뇌는 끊임없이 보고 듣고 느낌을 말하고 건강하게 활동하여 사람의 욕구대로 할 수 있게 한다. 장애를 가지면 뇌가 주인 노릇을 한다. 완전한 치료 방법은 아직 없다. 다행히 수술 후 시냅스를 자극해 주면 뇌 활성화로 이어져 마비 부분도 회복될 수 있음이 의학적으로 규명되어 관심과 주목을 해야 한다. 정상일 때 바로 전달되던 것이 손상을 받으면 기능뿐 아니라 신호 전달에 차이가 생긴다. 재활에 뇌신경 활성화로 회복으로 이어지는 시냅스 자극에 힘써야 한다.

2) 시냅스 자극의 발목 밀기와 뻗기 유의 사항

시냅스 자극은 발목 밀기와 뻗기 동작으로 시작되는 일이어서 골다공증 검진 후 시행해야 한다. 개인별 골밀도가 달라 전문의 처방에 준하여 골절 등 위험 예방을 할 수 있어야 안전하다. 일반가정에서 건강을 위해 하더라도 골다공증 진단을 받은 분은 매우 조심해서 엄지 하나로 해야 한다. 그리고 반드시 배워서 해야 한다. 처음 시작할 때 발목 밀기는 특별히 조심해야 한다.

3) 시냅스 자극은 인체 회복이다.

아울러 신경세포가 지나가는 부위의 시냅스를 자극한다면 더 큰 회복이 기대된다.

— 시냅스 자극은 계속되어야 한다.
— 불안전손상 경우는 바로 혹은 2~3일 정도면 변화를 알 수 있고, 횟수를 늘리는 만큼 변화는 확연히 달라진다.
— 단순히 물리적인 동작뿐 아니라 타인의 지시와 요구, 환경 상황에 따라 움직이는 메커니즘 이해의 재활이 되어야 한다.
— 인체 기능을 잃었을 때 시냅스 자극으로 교육과 훈련을 하면 최대로 회복된다.
— 지속하면 혈액순환으로 뇌에 좋은 영향과 뼈와 근육 강화에 도움이 된다.
— 손상된 부위가 시냅스 자극으로 회복된 분들은 인대 수축을 방지하기 위해 주기적으로 재활병원을 찾아야 한다.

(1) 척추 장애

척수손상은 신경전달 문제로 마비가 되는 것은 맞다. 그러나 이젠 생각을 바꿔야 한다. 뇌와 인체를 구성하는 의학적 한계를 넘기 위해서 밝혀진 사실 안에서 끊임없는 연구와 노력을 해야 한다.

척수손상이라도 꾸준한 시냅스 자극은 관절이 굳는 것을 예방하고, 개인에 따라 변화가 있음을 본다. 기능은 못 해도 감각만이라도 찾게 되면 욕창과 생리적인 여러 가지 기능에 개선 효과로 나타난다. 느껴지는 감각 역시 직접 만져 느낌을 뇌와 함께해 줘야 더 효과적이다.

(2) 경추 장애

보편적으로 완전마비보다 불안전마비에 효과가 크다. 손상 부위 아래쪽의 마비로 마비된 팔다리 모두 문제가 있을 수 있고, 다리 혹은 팔만 아니면 혼용되어 나타난다. 서고 걸을 수 없지만, 어깨와 팔과 손가락 움직임과 발 등 시냅스 자극으로 운동과 감각 회복을 키워가야 한다. 불안정한 팔과 손 등 부분 마비에는 공통적으로 대·소 근력 부족을 재활 운동과 작업치료 등으로 할 수 있고, **소프트볼**(정구공)로 하는 자극이 소근력 강화에 효과적이다. 중요한 사실은 불안정한 뇌와 경추 마비일수록 시냅스 자극은 회복에 도움이 크다.

(3) 소·대변(마비 공통)

계속되는 변화와 함께 복식호흡을 병행하면 좋다. 소·대변 감각을 느끼기 시작한다면 배뇨 감각의 세밀한 느낌을 매번 물어 그 변화를 뇌가 인지할 수 있도록 돕는다. 척수손상 자는 신경단절로 감각이 없는데 만약 느낌이 있다면, 시냅스 자극을 계속하면 기대 이상의 변화가 있다.

(4) 강직

불안전손상일수록 강직은 낮과 수면 동안 반복적으로 온다. 시냅스 자극으로 운동과 감각신경을 깨우면 강직이 잦아드는 것을 볼 수 있다. 추정해 보면 뇌 활성화로 관절과 근육의 완화가 이어지는 것으로 생각된다.

강직은 신경성 강직을 제외한 뇌가 아닌 대부분은 앉은 자세가 바르지 못하거나 동작 시 불안하게 뒤틀리는 자세에서 유발된다. 통상 배의 강직은 강직이 시작된 단단한 부위를 꾹 누르고 있으면 쉽게 풀리는 것을 볼 수 있어 참고하면 도움이 된다.

4) 팔과 눈과 언어 재활

(1) 팔 재활

발목 시냅스 자극으로 발목 인대와 근력 강화는 연동되어 있는 팔 재활의 시작점이기도 하고, 교정에 도움이 된다.

팔 교정을 위한 동작을 오작동하던 뇌를 세분화하여 마음으로 제어하는 방법과 나누어 시작한다. 예로 핸드폰을 사용하려면 먼저 폰까지만 손을 갖다 놓고, 흔들림이 안정되면 잡는 동작만 하고, 잡은 상태에서 안정시킨 후 다음 목적의 세분화된 동작을 나누는 훈련으로 뇌를 학습시키는 식이다.

그러나 뇌는 경이롭기도 하지만 아주 영악해 불안정한 상태에서 물건에 대한 사용 목적은 원래 알아 한 번에 연속동작으로 하려니 더 센 강직성 흔들림으로 나타난다. 지시자의 말에 순응하고자 하나 뇌는 이미 목적을 알기 때문이다. 마음과 달리 뇌가 주인의 명령을 따르려고 하나 덧씌워진 흔들렸던 기억과 정상 기억으로 힘이 과하게 들어가 흔들리는 것이다.

이렇듯 뇌의 덧씌워진 잘못된 기억을 씻어 내기 위해서는 본인의 노력은 당연하지만 스스로 하기엔 어려워 옆에서 수백 수천의 반복된 수행으로 상기시켜 줘야 한다.

(2) 눈, 코, 귀, 입 재활

눈과 귀와 코와 입은 뇌와 가장 가까운 장기들로 그만큼 중요한 의미를 가진다. 뇌는 가장 필요한 정보들을 수집하고 분석하여 합당한 지시를 내리고, 입과 코로 산소를 공급받고, 간과 위와 장 등에서 얻어진 에너지(혈액)를 공급받아 살아간다.

눈은 사물을 분별하고 상황에 맞게 우리가 생활할 수 있게 한다. 시력이 떨어지면 갖가지 도구와 수술로 볼 수 있게 하면서 정작 눈 운동은 하지 않는다.

— 안구 굴리기와 빠른 눈 깜박임, 가까이 멀리 보는 동작들도 도움이 된다. 뇌와 눈과 관련한 기능들이 완전히 멈추면 귀와 코와 심지어 촉각을 이용해 우리가 살아갈 수 있게 한다. 눈의 일부 장애가 생기면 섬세하게 연동되어 있는 눈 근육들은 회복을 위해 노력하는데 우리는 고마움도 없이 살아가고 있다.

(3) 언어 재활

한쪽 마비로 입 비틀림은 재활의학에서는 연하치료로, 한방치료의 구안와사(口眼喎斜)의 침술로 치료하고 있다. 두 방법 모두 도움이 된다. 시냅스 자극과 병행할 때 효과가 더하는 것을 볼 수 있다. 시냅스 자극으로 관절 부위 회복을 도우면 뇌 긴장을 줄여 언어와 직결된 뇌손상을 제외하고, 대부분 듣는 만큼 말 할 수 있다. 전문 언어치료에 우선 하면서 누구나 쉽게 교정에 도움이 되는 방법이 1부에 있다.

2부

서고, 걷는 것이 복지다

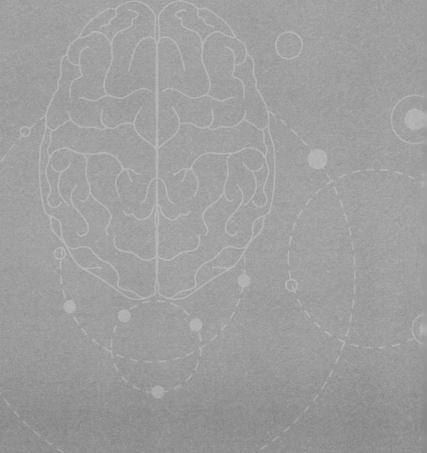

4장

바로 서고, 바로 걷는 것이 복지다

1. 노인 복지의 환경과 변화

우리 사회는 혈연중심의 부모부양 문화로, 서고 걷지 못해도 가정 돌봄이 가능했던 때도 있었다. 그 돌봄을 이제 국가가 책임지는 형태로 자리매김하고 있다. 급속한 사회변화로 노인 인권 침해가 날로 심화하고 폭력, 경제적 착취, 방임 등의 학대가 지속적으로 발생하고 있다. 각종 질병, 노쇠(老衰)와 사고 등 장애가 발생하여 가정에서 돌봄이 어려워지면 요양병원 입원과 요양시설 입소 등 결국 가정과 지역사회에서의 분리가 해결 방안의 전부로, **선택권과 자기 결정권도 사라지고 있다.**

가족과 분리되는 문화는 외로운 죽음과 출산율과 관련이 있다. 늙거나 병들어도 서고 걸을 수 있다면 이보다 더한 복지는 없다.

2. 돌봄 문화의 복지 이해

1차적인 책임을 도덕성 해이를 막는다는 이유로 가정에 맡겨왔다. 국가는 2차적 책임에 갑론을박하는 동안 많은 생명의 존엄과 자기 결정권을 지켜 주지 못하고 있다. 보편적 · 선택적 복지 논란은 국가지원시스템이 잘되어 있는 복지국가는 선택해서 주자고 할 필요가 없다.

서고 걷지 못해도 빈곤국의 행복지수가 높은 이유는 인력과 예산보다 우선하는 것이 있다는 반증이다.

북유럽 선진국의 합리적인 사회와 정적인 우리 가정 돌봄 문화도 이제는 공동체 복지개념으로 시급히 서고 걸을 수 있게 전환되어야 한다.

미래 사회는 급속한 변화에 안정된 공동대처가 관건이 된다. 급속한 정보기술은 일자리 변화를 일으키고, 그로 인해 실직자와 정보 빈곤 계층이 발생한다. 이에 대처할 수 있는 것은 서고 걸을 수 있는 것과 기본소득이다. 기본소득은 정쟁의 대상이 아닌 미래 사회를 위한 준비이다.

선진국으로 가는 미래복지의 핵심은 국민 스스로 서고 걸을 수 있어 가벼운 돌봄을 기본소득이 뒷받침해 줄 수 있을 때 양극화를 줄이고, 계속적인 발전을 가져올 수 있다.

3. 서고 걷게 하는 것이 복지다

인간이 홀로 살아간다면 행복할 수 없다. 급격한 초고령(초의) 증가로 질병과 노쇠(老衰)로 인해 서고 걷지 못하는 환자는 자신의 의지와 상관없이 요양병원과 요양원, 둘 중의 하나에 가게 되는데 이것은 단순히 격리만 되는 것이다. 또한 서고 걷는 재활이 되지 못하면 어렵긴 마찬가지이다.

국가 발전과 핵가족화를 강요받아 온 어르신들의 '돌봄' 문제가 서고 걸을 수 없기 때문에 더 문제가 되고 있다. 요양병원과 요양원 보호가 사회복지 개념보다 가족과 사회 단절을 뜻하고, 죽음마저 존엄과 품격이 없다. 최근에는 코로나로 가족 방문까지 제한되는 더한 격리 속에서 어떻게 관리가 되고 있는지 걱정이다.

서고 걷지 못하는 나를 살리기 위해서 노부모님의 노년의 행복은 무너졌다. 게다가 내게서 태어난 딸까지 키우셔야 했다.

편히 살 수 있었는데 아들 하나로 당신들의 모든 것을 희생하시다 아버님부터 쓰러지셨다. 그동안의 죄를 조금이나마 씻고자 중환자실과 집중치료실 등 매일 함께해 드렸다. 어머님 역시 초기 치매로 재활 지원 프로그램 진행을 위해 전국을 돌면서도 겨우 서고 걸을 수 있어서 6년을 차에서 최선을 다할 수 있었다.

중증으로 혼자 감당이 어려워 인근 요양원에 모시고 매일 오전엔 요양원으로 출근을 했다. 요양원 사정을 잘 알기에 조금이라도 부모님이 그랬듯 응급실과 병원 입원 등 떠나시는 날까지 함께해 드리고 싶었고, 몇 년을 소홀함 없이 보내드렸는데도 못해 드린 것밖에 생각이 나질 않는다.

우리 부모님들이 이런 분들이었기에 지금의 우리가 있음을 잊어서는 안 된다. 이렇게나마 할 수 있었던 것도 서고 걷지는 못하지만 재활을 했기 때문이다. 우리 사회는 각 가정이 스스로 할 수 없는 환경이어서 요양병원과 요양원에서 해결하고 있다.

문제는 요양원 돌봄 기준에도 있다. 2.5명당 보호사 1명이 24시간을 돌보는 것을 기준으로 삼고 있다. 8시간 노동법조차 무시된 결과로 25명 시설은 10명의 보호사로 24시간을 돌봐야 하기 때문에 결국 3명이 3교대로 25명을 돌보는 상황에서는 존엄과 인권 문제는 당연하다. 새롭게 2.3명으로 기준을 낮춘다고 해서 해결될 일이 아니다. 이 문제 역시 서고 걸을 수 있게 하면 이 인원으로도 가능하다.

복지가 열악한 1990년 초, 차 뒤에 오고 갈 곳 없는 분을 모신다고 쓰고 다녔다. 요양제도가 만들어지기까지 2박 3일이나 4박을 할 정도까지 전국을 돌아다닐 때다.

국가도 준비되지 않아 비인가 시설들을 파악하는데도 시간이 꽤 걸렸고, 지금에 이르기까지 우여곡절이 많았다. 요즘 고독사가 문제가 되지만 예전엔 기사조차 찾기 어려웠다. 홀로 죽어 시신안치실까지 오는데도 장례라고 하기엔 너무나 초라한 절차가 전부였다. 낯선 이들이 규격쓰레기 봉지에 쓰레기를 버리는 것과 별반 다르지 않았다. 보호자가 아무도 없고, 있어도 친권 포기를 해야 장례를 치르는 법의 횡포 속에서 삶이 끝나는 것이다.

지금이라고 덜하지 않다. 도덕성 해이보다 앞서는 것이 혈육의 마지막 아름다운 장례가 되는 나라가 선진 복지국가다. 이런 일들도 서고 걸을 수만 있다면 예산뿐 아니라 원천적인 문제를 줄일 수 있다.

4. 돌봄 복지 향상을 위해 서고 걸을 수 있게 하면 된다

법과 제도가, 국민 안전과 인권보장이 부실하면 어려움은 어르신들과 사회(적) 약자인 국민이 받게 된다. 누구나 예비 장애 대상자들인데 **가정과 지역사회와 분리가 전부로 선택권과 자기 결정권도 없다.** 올바른 '돌봄'과 재활로, 가정복귀가 우선하는 체계로, 우리식 돌봄 시스템으로 시급히 만들어야 한다.

가정문화성격시스템과 발목 밀기와 뺐기 재활로 스스로 서고 걷게 되면 사회격리는 필요 없게 된다. 병원과 요양시설에서도 자유롭게 보호받으며 가족들과 외출하고 행복할 수 있다.

병원과 시설의 현실은 재활 시스템 부족과 법 미비로 건강한 일상생활로 복귀는 가족과 대상자의 몫이 되고 있다. 양방·한방의 이해관계와 제2의 삶이라고까지 하는 재활이 빠진 요양이다. 재활로 가정복귀 개념보다 일시 보호와 홀로 죽음을 맞는 것이 전부가 되고 있다. 발목 밀기와 뺐기로 시냅스 자극만 해 주어 서고 걸으면 병원과 시설에서 기저귀도 필요 없으니 주말이나 가족 행사 때 언제든 외출이 가능하다.

정부와 국회, 전문의와 사회복지 관련인과 시민 전문가의 새로운 시스템과 지원 논의뿐 아니라 시행될 수 있게 정부와 국회가 일해야 한다.

자주 돌봄 대상자들의 인권 문제가 모두를 아프게 한다. 나는 날 돕는 장애인 활동 보호사와 가끔 서로 얼굴을 보며 웃는다. 그 이유가 샤워 의자에 앉아 허리를 숙여 발을 닦을 때면 마비인 날 보고 발을 들라고 하니 웃을 수밖에 없다.

돌봄의 기본은 당사자 특성과 요구에 우선하는 요양사 교육과 훈련이 되어야 한다. 장애 특성이 각각으로 경험 전에는 이해하기 불가할 정도다.

치매나 마비 장애나 인지 상태 등 돌봄 자의 생각과 일보다 우선해야 한다. 마비 장애는 넘어지거나 떨어지면 바로 골절 등 부서진다는 표현이 맞다.

정신 문제나 신경이 있고 없고 차이는 경험해 보지 않으면 모른다. 휠체어의 작은 앞바퀴가 걸리거나 부딪히면 마비자는 앞으로 튕겨 나간다. 마비는 물체를 경사로에 놓으면 저절로 흘러내리는 것과 같아 무방비상태로 떨어지면 대부분 골절이다. 신경은 있으나 **인지와 조절이 불가한 아이도** 마찬가지다.

우리 돌봄은 장애인 활동 보호사, 노인 요양사, 간병인, 아이돌보미 등 대부분 **자신 생각과 입장이 대상자 요구보다 우선하는 문제는 매우 걱정스럽다.** 물론 억지 요구도 있으나 돌봄자 입장이 우선하는 '돌봄'은 의미를 반감시킨다.

오래전 어느 날 나는 휠체어에서 운전석으로 이동하면서 도움을 받았다. 그때 나를 도와주시는 분이 내가 겉으로 보기에 멀쩡하니 소홀히 다루었고, 나는 바닥으로 주저앉아 그만 골절되었다. 그리고 교회에서 계단을 오르기 위해 업히다 주저앉아 또 한 번의 골절이 있었다. 두 번의 수술을 생각하면 지금도 아찔하다.

그 당시 나는 하반신에 감각이 없기에 마취 없이 수술을 받았다. 두려움은 오히려 집도하는 의사의 몫이었다. 그러나 매번 수술 후 하반신 마비로 서고 걸을 수 없고, 소·대변 감각도 없고, 제어도 안 되는 신변 처리에 24시간 간병비와 체격이 큼직한 남성을 돌볼 수 있는 사람을 구하기 매우 어렵기 때문에 힘들었다.

1) 국가 지원 의미

국가 지원 대상자는 나이 구분으로 장애인활동지원사 서비스에서 노인 요양보호사로 넘어가는 과정에서 새로운 문제에 직면한다. 장애 중증 1급으로 이미 고착되어 받던 서비스를 65세가 되면 국민연금공단에 재판정을 받아야 하고, 노인장기요양등급이 1급이 나와도 하루 4시간 요양 보호를 받고, 부족한 시간은 국민연금공단에 추가시간을 신청해서 부족한 시간을 보장받는다. 이것은 오히려 전보다 적은 시간으로 더 어려운 상태에 빠지는 것이다.

이미 고착된 중장애로 나이 들어 더 어려워지는데 지원되는 시간이 줄어든다. 게다가 재검사는 국가 예산 낭비고 폭력이다. 늙어갈수록 더 힘들어지는 중장애인들에게 돌봄 시간도 노인 요양으로 가면 그 역시 줄어든다. 현재도 어려운데 심리적 어려움까지 더하게 한다. 결국 국가가 어려움을 더하는 꼴이다. 서고 걸을 수 있는 일에 정부와 국회는 관심을 가져야 한다. 이런 역행하는 제도를 폐기하고, 중장애인들의 고충을 해소할 수 있는 현실적인 대안이 시급하다.

2) 간병 의미

전문성도 부족한데 간병인 구하기도 어렵고, 병원에서 필요한 24시간 간병은 대부분 중국 교포들이 담당하는데 이들은 체계적인 교육도 받지 않았다. 외교부 등 각 부처 간의 소통과 협조로 수요공급의 문제를 풀어야 한다. 더욱이 코로나로 겪는 어려움은 고스란히 각 병원과 어르신들의 몫이다. 현재 간병은 교육시스템이 없다고 볼 수 있다. 최대한 서고 걸을 수 있게 하면 된다.

3) 수술보다 간병인 구하기가 더 어렵다

간병인 사업은 신고제이기 때문에 자격 기준 실종으로 관리가 안 된다. 재활이 된 나도 수술을 하게 되면 말 그대로 외상 환자가 되어 소·대변 처리를 병실에서 해야 한다. 이것뿐만 아니라 너무 힘든 간병인데 같은 값이면 쉬운 돌봄 자를 찾게 된다.

노동법으로 8시간 노동인데 돌볼 시간은 24시간으로, 3교대에 휴무일은 일반노동자 적용이다. 다행히 가족이 있으면 다행이지만 없으면 입원보다 간병이 더 큰 문제가 된다. 병원 역시 간병인 구하기가 하늘의 별 따기만큼 어렵다. 이런 현실이므로 최대한 서고 걸을 수 있는 재활이 중요하다.

4) 방안

— 미래 복지사회를 위해 단일한 관련법과 단일 관리 구축
— 교육내용에 현장 위주 실질적인 내용 포함
— 돌봄 지원 기준과 급여 차등화
— 돌봄을 생산 노동과 다른 노동법 제정
— 관료적 관리가 아닌 실질적인 전문가 관리
— 지역 야간 돌봄 순회 창구 시스템 구축
— 최대한 서고 걸을 수 있게 하면 된다.

5) 순차적 대안

핵가족화로 가족 문화의 구조 변화와 봉양 문화가 붕괴되었는데, 도덕적 해이를 이유로 가족 책임에 우선하고 있어 혈연의 정마저 끊는 결과를 낳고 있다.

가족이 돌봐도 지원받는 체제로, 마지막을 집에서 가족과 작별하는 죽음이 되어야 한다.

— 돌봄을 1차적으로 가족이 돌볼 수 있는 지원으로, 책임감 고취
— 가족 돌봄은 심리적 안정과 인간성과 가족 정체성 회복
— 일자리 창출과 청년 아르바이트 시간 적용 방법
— 국가 예산의 효율화와 돌봄 시스템 안정화 등을 위해서 최대한 서고 걸을 수 있게 하면 된다.

6) 기저귀 문제

누구나 건강하게 살 줄 알기에 아기 때 사용했던 기저귀에 대한 필요성을 남의 일로 생각하며 산다. 서고 걷지 못하니 장애보다 소변·대변의 처리가 제일 큰 문제가 된다.

부모 대부분은 마지막을 집에서 가족과 함께하고 싶어 한다. 그러나 서고 걸을 수 없으니 신변 처리를 스스로 할 수 없어 집에서 돌볼 수 없다. 발목 밀기와 발목 뻗기를 통해서 중요한 사실은 서고 걷는다면 병원도 요양원도 가정도 기저귀가 필요 없다.

기저귀 착용은 수치심뿐 아니라 간병인의 따가운 눈총에 미안함

까지 갖게 한다. 간병 교육 때 기저귀를 차고 8시간 교육을 받게 하고 싶다. 손발이 자유스럽고 건강한 사람들도 기저귀를 차보면 얼마나 힘든 고통인지 알아야 어떤 심정인지 알 것이다.

꼭 기저귀를 사용할 수밖에 없다면 천연 펄프 기저귀를 쓰면 좋겠다. 천연 펄프 기저귀는 통풍과 흡수력이 많고 역류도 없어 쾌적하여 심리적 안정감과 삶의 질을 높이고 간병인의 수고도 덜 수 있고 환경 폐해도 줄일 수 있다.

비닐 기저귀는 통풍이 안 되고, 흡수력이 작아 역류로 요로감염, 짓무름, 욕창에 노출되기 쉽고, 착용감까지 불쾌할 수밖에 없다. 매일 소·대변에 뭉개고 사는 문제를 해결하지 않으면 복지 미래도 없다.

우선 비닐류 기저귀와 가격 차이도 크지 않은 천연 펄프 기저귀 보급사업에 앞장서야 한다. 선진국 기저귀처럼 천연 펄프로 역류 안 되는 기저귀를 수입해서 사용하는 곳은 극히 미미하다. 이런 기저귀를 생산하는 업체로 우리나라에 '(주)ㅇㅇ큐'라는 회사가 있어 다행인데 아직도 자유경쟁 시장이라는 이해관계로 어르신들을 소·대변 속에 살게 하고 있다.

기저귀 차던 어릴 적 기억은 없다. 우리 모두가 기저귀를 하루만 차고 소변과 대변을 본다고 생각해 보라 처음은 나오지도 않는다. 배설 후 소·대변을 뭉개고 있다고 생각을 해 보면 알 것이다. 위생은 없고, 치료비 증가로 이어진다.

정부는 하루빨리 건강과 케어를 돕는 기저귀 기능 등급제 기준을 표준화하고, 경제 논리보다 천연 소재 유도를 위한 지자체별 공동 관리라도 시급히 해야 한다. 천연 소재는 환경을 보호하고, 공해를 절감시킨다. 돌봄의 질을 높이는 시작은 발목 밀기와 뻗기 동작 재활 운동으로, 기저귀가 필요 없게 되는 쾌적한 생활이 열리는 것이다.

5. 노인 돌봄 예방과 의료복지 방안

국제 자유경쟁 시대라고 해서 자국의 국방·안보를 남에게 맡기지 않는다. 국민의 건강 역시 안보만큼 중요하다고 생각한다.

우선 의료시장을 국가와 민영 의료, 두 가지로 나누어야 한다. 국경 없는 의사회에 국민의 건강을 맡길 수 없듯이 민간 의료에서 소외된 국민은 국가가 의료사관학교를 만들어 전담하게 할 때 의료 형평과 공평을 말할 수 있다. 국가공무원법에 근거한 의료사관학교에서 의사를 양성하여 의료 체계에서 소외된 자들이 없어야 한다. 국민 건강을 민영에만 맡기면 시장 논리에 끌려다닐 수밖에 없다. 시장 논리로 죽어가는 사회적 약자를 책임지지 않는 것과 같다.

선의의 경쟁을 하지 말라는 것이 아니다. 그러나 민간 의사의 경제적 이익이 국민 건강권보다 우선 할 수는 없다. 질 높은 의료도 받지 못하면 전혀 필요가 없다.

국방은 경제 논리가 아니듯 국민 건강도 사관학교를 양성해서 도와야 한다. 국가 공무원 의사로 국비로 양성하고, 정년까지 보장하면 된다. 사관학교는 학비와 생활비까지 무료인데 지원자는 많다. 실력 있는 교수는 민간 의대 교수 봉급으로 초빙하면 된다. 의사 중 가치 있는 일이라면 돈에 매이지 않고, 헌신하는 이들도 많다. '국경없는의사회'가 이를 증명하고 있다. 우리나라에도 알게 모르게 많은 의료봉사를 하시는 분들이 있다. 우리 현대 의료의 시작은 목숨을 건 의료선

교 봉사자들로 시작된 것을 잊지 말아야 한다.

(1) 도시
아파트 문화로 아파트 노인정이 있고, 그 외 지역마다 노인정이
있다.

— 여가를 보내는 공간으로 그쳐서는 안 되고, 복지사 관리가
　필요하다.
— 아파트 건설 때 노인정에 공동 요양시설을 설치한다.
— 지역 노인정에도 마을 공동 요양시설로 겸하여 사용하면 된다.

(2) 지방
농촌에 대부분 마을회관이 있다.

— 기존의 마을회관은 이미 공동생활 시설처럼 사용하고 있어 운
　영과 관리 시스템만 정하면, 지역을 떠나야 하는 요양 문제가
　해결되어 어르신들에게 훨씬 좋다.

(3) 관리

— 운동 · 물리 치료 전문 관리사로 보건소와 연계한 순회서비스
　로 양극화를 해소한다.
— 도시는 보건소의 건강검진 및 기타 각 구 관련 서비스를 차량
　을 이용하여 순회하여 실시한다.

— 지방도 한 곳에 있는 마을회관에 의료순회서비스를 구축한다.

— 서고 걸을 수 있는 발목 밀기와 뻗기 동작을 할 수 있는 회복 운동법 보급한다.

5장

21세기 복지의 시작도 서고 걷는 데 있다

1. 서고 걸을 수 있게 하는 것이 복지의 시작이다

어릴 적 장애인 친구를 보면서도 난 장애인이 되리라곤 단 한 순간도 생각해 본 적이 없다. 장애인을 매일 보고, 장애인 날까지 정해 수많은 장애인을 보며, 가족 중에 장애인이 있어도 자신은 장애인이 될 것을 생각하지 않는 것이 장애의 특성이다.

장애를 가지면 아이러니하게도 우리 사회가 부정부패와 차별과 불공정한 문제가 얼마나 심각한지 뼈저리게 절감하게 된다. 사회 전반적인 모든 삶과 복지의 부족함을 이야기할 때 내 장애도 힘겨운데, 이런 문제까지 말하고 있는 모습이 정말 신산스럽다.

우리는 헌법에 명시된 대로 대한민국 국민이면 누구나 장애인과 사회적 약자 모두를 포함하여 안전하고, 차별 없이 공정하며 공평하게 자유와 인권을 보호받아야 한다고 배웠다. 인권과 건강권과 교육

받을 권리와 노동권, 돌봄으로 행복하게 죽을 권리를 누려야 선진 복지국가이다. 그러나 서고 걷지 못하면 결국 지옥이 따로 없다.

국가는 복지 책임을 가족에게 전가해서는 안 된다. 장례지원을 받으려면 도덕성을 앞세워 친권을 포기시키고, 참석조차 배제되었던 것이 우리나라 복지 제도였다. 이 법은 개정했으나 아직도 실질적이지 못하다. 국민이 장애 등 사회적 약자가 되면 가정과 사회와 국가가 함께해야 하는데, 가정이 책임을 못 할 때 **국가의 당연한 지원이 오히려 가족 단절의 기준이 되어서는 진정한 복지라 할 수 없다.**

서고 걷게 회복할 수 있을 때 국가 생산력 효율을 높여 행복한 삶을 기대 할 수 있다. 한 가정의 장애 발생은 가족 전부를 돌봄과 극복에 매달리게 한다. 한 가정의 장애는 제2, 제3의 생산력을 약화시켜 장애인은 더 큰 어려움을 겪게 된다. **복지는 일관성과 체계적인 연대를 갖추어야 하고, 국가와 사회와 가정 모두가 하나로 움직이는 것이 당연한, 진정한 21C 복지이다.**

국가가 개인을 건강한 생산력을 가질 때만 국민이고, 장애를 가지면 가정에만 맡긴다는 것은 약육강식 논리로 국민을 보는 '버려지는 복지'를 행하는 것이다. 임신에서 출산과 교육과 직업 등 건강한 삶에서 장례까지 국가가 책임지는 것이 21C 복지다. 정부와 국회는 21C 복지를 실천하기 위해 일해야 한다.

2. 장애란 무엇인가?

장애를 자랑하는 장애인은 없다. 30년 전보다 응급 처치에서 의료와 모든 시스템이 급진전한 지금도 장애 발생은 당사자와 가족의 몫이다. 장애는 병원 치료와 재활 진행 과정에서 무엇을 어떻게 해야 할지 백지상태가 된다.

다행히 3차 병원 사회사업실의 도움을 받을 수 있지만, 아직은 사회 연계 체계가 없어 여전히 가족의 몫이다. 장애에 대한 지식도 경험도 없는 상황에서 온 가족이 애만 태우는 장애와의 만남이다.

누구나 간단한 수술로 회복하는 단기적인 장애 경험으로는 알 수 없다.

더구나 움직이지도 못하고, 소·대변 감각도 없고, 제어도 안 되고, 눈에 보이지 않은 내부 장애는 더 알 수 없으니 남의 일이다. 휠체어 장애인끼리도 마비 정도에 따라 어려움은 천차만별인데 걷지 못한다는 정도의 인식으로는 어렵다. 장애의 종류도 많고, 눈으로 확인되는 장애도 어려움은 각각으로 이해가 쉽지 않다.

각 장애의 명칭이 다르듯 어려움도 다르다. 인지가 가능한 지체 장애보다 신체는 건강하지만 단지 듣지 못하는 농인들의 사회적 어려움을 알면, 순서와 크기 정하기가 어려운 것이 장애다. 심장, 폐, 신장, 암 등 많은 내부 장애들도 있다. 모두 원하지 않는 치매처럼 인지 장애와 희귀 질환은 국가적 문제다. 정신 장애는 병원에서 사회 단절로 보이지 않지만, 이는 우리 사회가 장애로 살아간다 해도 틀리지 않는 것이다. 장애에 포함되지 않는 은둔형 외톨이(히키코모리)도 있다.

장애 발생은 가정을 어렵게 하고, 사회와 국가도 그만큼 힘들어진다. 장애복지가 모두의 복지임을 지나치고 사는 것이다.

장애를 개인과 가정에 맡기는 순간, 국가는 양극화의 출발점이 된다. 장애를 갖고자 하는 사람은 단 하나도 없지만 시간 차이일 뿐 누구나 될 수 있다. 장애인의 안전한 삶이 모두를 위한 일임을 이해하기도 어렵다. 장애와 예방의 중요성을 바로 알아야 한다. 특히 간접 경험은 삶을 감사할 수 있어 비장애인들에게는 선물과 같다. 정부와 국회는 일해야 한다.

3. 서고 걷지 못하면 모두에게 문제다

서고 걷지 못한 장애를 가지면 당사자뿐 아니라 가족 모두가 일상을 잃어버린다. 한 가정 가정들이 장애로 힘들다 지쳐 간다면 국가 경쟁력도 작아진다. 산재와 교통 등 갖가지 사고와 질병은 누구도 장애에서 자유로울 수 없게 만든다. **성공을 위해 장애와 생명까지 잃어가며 노력하는 사람은 없다.**

매일 들려오는 사고 사건 뉴스 보다 장애 발생 수는 헤아릴 수 없이 많다. 어느 날 서고 걷지도 못하고, 스스로 먹을 수도 없으며, 소·대변 감각도 제어가 안 되고, 말도 못 하고, 볼 수도 없게 되는 손 하나도 움직이지 못하여 그저 누워 사는 삶을 생각하고 사는 사람은 없다.

몇 년 전 사회문제로 발생한 가습기 사건으로 산소호흡기에 의존해 사는 이들의 경우처럼 서고 걷는 것과 상관없이 개인의 잘못이 아닌 것도 많다. 호흡하지 못하면 죽음의 공포 속에 살아가는 이웃들도 내 문제가 아니니 대수롭지 않게 여기며 살아간다.

건강했던 아이가 장애를 가지면, 서고 걸어도 부모는 마음 놓고 죽을 수도 없는 현실에 놓인다. 그러나 이런 예측할 수 없는 사고에서 누구도 자유로울 수 없다. 실종된 자식을 평생 찾아다니는 분도 있다. 인간은 모두 노환으로 결국 장애를 가지며 가족과 사회와 단절을 겪게 된다.

국민 누구나 장애를 가질 수 있다. 그러나 재활과 돌봄을 받을 수 있으면 비장애인의 삶은 평생 복지가 보장되는 것이다. 정부와 국회는 일해야 한다.

4. 장애 인권이 복지 척도다

장애는 불편 정도가 아닌 절망이 무엇인지 경험하게 된다. 세계 경제 1위 국가도 사회적 약자가 보호받지 못하면 복지국가라 할 수 없다.

장애아 통합교육이 자기 아이에게 필요한 이유를 정작 모르고 산다. 무슨 불이익이 있다고 특수학교가 자기 지역에 들어서는 것을 그렇게 반대하는지….

인간관계를 처음 경험하는 학교에서 장애인 차별과 왕따를 국가와 어른들이 가르치는 꼴이다.

장애아는 교육받지 못한 비율이 수십 배나 되는데 비장애아 부모들이 이런 차별을 받는다면 광분했을 것이다. 장애아 문제만은 아닌 것 같다. 안산원곡초등학교는 전교생 449명 중 한국인 초등학생은 6명인 것을 보면 우리 사회가 얼마나 편협한 가치를 가지고 있는지 알 수 있다.

아마도 다문화 아이들이라 꺼렸을 것이다. 미래는 글로벌 시대라 하면서, 이 학교는 각국의 자녀들로 글로벌 외국인학교라고 해야 맞다. 생각하기에 따라 외국에 가 보지 않고 세계인을 접하는 기회를 가질 수 있다.

각국의 문화와 언어를 접하면서 글로벌 세상을 앞서 경험하는 그 값어치는 매우 큰 것이다.

아이들이 자신이 건강하게 태어난 것과 부모님께 대한 감사를 알게 하는 기회조차 스스로 버린다. 어릴 적 교육이 평생을 가는데 약자인 장애 친구를 돕는 배려는 감사로 이어진다. 장애 친구와 생활은 삶의 어려움을 버티는 면역력도 가지게 한다.

어릴 적 장애 접촉 경험은 부모가 늙어 장애가 생기면 돌볼 방법을 생각나게 한다. 장애 간접 경험은 국민적 합의와 선진복지를 할 수 있는 통합교육의 시작이다. 장애 차별로 학교 인성교육이 무슨 의미가 있는지 깨어야 한다.

자신만 잘사는 나라를 복지국가라 말하지 않는다. 장애뿐 아니라 어려운 누구나 행복할 수 있는 사회는 비장애인들에게는 더 안전하고 큰 복지보장이다. 어릴 적 장애 친구와 함께하는 교육이 어떤 인성교육보다 가치 있는 참교육이다. 정부와 국회는 일해야 한다.

5. 장애 예방과 안전한 삶이 국민보험이다

장애가 있는 사람은 손가락 하나만이라도 움직일 수 있고, 소·대변 감각이 인위적으로라도 생겨 해결되면 감사가 절로 나온다. 내부 장애로 겪는 고통과 통증은 또 얼마나 많으며 장애인을 위해 일하는 수많은 분들이 계셔서 감사한다.

장애는 크든 작든 힘겹다. 중장애인들의 치료와 돌봄이 확보된 나라라면 비장애인들에겐 보험료 없는 평생 복지 보험이다. 전 국민의 돌봄 시스템을 일원화하면 차별로 외롭고 눈물 나고 두려운 자살을 막을 수 있다. **돌봄이 부족하니 비장애인도 어려우면 자살이 마지막 보험이 되고 있다.** 우리가 노후 복지를 위해 저축과 보험에 가입하듯이 건강할 때 장애인의 안전한 체계가 곧 모두의 보험이다. 정부와 국회는 일해야 한다.

6. 장애 인식 부족은 민주와 공정 사회 아니다

적극적인 장애 인식 변화를 위한 장애 체험이 있다. 평생교육이나 홍보와 비교될 수 없다. 선출직과 국가 공무원은 의무적으로 간단한 장애 프로그램을 통해 장애인들의 고충을 체험했으면 싶다. 장애 체험이 헌법 제7조 모든 공무원은 전 국민의 봉사자라는 것을 간접적으로 인식할 수 있는 좋은 대안 중 하나다.

장애를 국가부담으로 인식하는 전근대적 사고가 공평과 공정을 파괴한다.

누구나 장애인이 되기 때문이다. 복지 파이를 키워 나눠야 한다는 말이 사회 약자가 되어 보면 얼마나 무책임하고 허구인지 알게 된다. 미래복지를 위해서 죽어가도 된다는 무서운 말이다. 복지 파이를 키우는 동안 죽음은 누구도 책임지는 것을 보지도 듣지도 못했다. 세계

자살률 1위 불명예도 책상에서 해결될 일이 아닌데 책상에만 있다. 국민 건강이 궁극적 목적인 양·한방 의료도 협력조차 안 되는 것은 진정 누구를 위한 의료인지 인식을 새롭게 가져야 한다.

검경과 판사는 마비 장애로 죄짓기가 얼마나 불가능한지 연구도 노력도 이해도 없다. 중증 마비 장애인들에겐 소·대변 감각도 제어도 안 되고, 일상도 스스로 할 수 없어 돕는 사람이 있어야 하고, 마비로 인해 육신으로 죄를 짓는 검증이 고려된 판결인지 싶다.

감옥은 소·대변 처리를 인위적으로 혼자 할 수 없고, 잠시만 딱딱한 곳에 있으면 욕창으로 목숨까지 잃을 수 있다. 게다가 시설도 사용할 수 없으며 돕는 사람도 없다. 휠체어에 앉은 상태는 중심이 허공에 떠 있는 것과 같아 조금만 뿌리치거나 밀면 바닥으로 떨어져 골절되고, 감옥은 좌변기 접근이 안 되는데 휠체어와 욕창 방석마저 뺐고, 심지어 좌약까지 외부에서 반입된 것은 허용이 안 된다. 마비 장애인에게 이런 처사는 곧바로 욕창이다.

욕창을 제공한 법원은 병원 치료조차 개인에게 부담하고, 호전되면 형량도 채워야 한다(물론 죄의 대가는 당연하지만, 인권과 건강도 국가 책임이다).

장애인자활센터 보장구 수리센터에서 일하던 하반신 마비 장애인의 억울한 사연이 있다. 지역 지적 생활시설에서 견학차 가끔 방문하던 장애 3급 여성이 있었는데, 그는 이 여성이 손녀 같아 잘 먹고 다녀야 한다고 위로의 말을 해 주었다고 한다.

어느 날 이 분이 욕창으로 병원에 입원해 있었는데, 그녀가 3년 전 자기에게 성추행을 당했다고 신고했다. 이 여성이 방문한 시간은 대낮이었고, 자활센터 작업장에는 다른 직원도 많았다. 그리고 사무

실의 CCTV를 아무리 찾아봐도 그런 장면은 없었다.

그녀는 자신을 도와준 장애인들을 습관적으로 여러 번 신고했었는데, 모두 사실이 아닌 것으로 드러나, 다른 사람들도 늘 조심했다고 한다. 그러나 성범죄를 엄벌하는 당시 시류에 따라 결백을 주장한 하반신 마비 장애인의 말은 무시되고, 그는 감옥에 갔다. 입소 후 며칠 못 가 욕창이 심해졌고, 인권위원회까지 가서 병원에서 치료받을 수 있었다. 공평해야 할 사법 정의가 사회 최약자인 마비 장애에 대한 무지로 생명을 위협하는 불공정한 판결을 내렸고, 약자를 고려하지 않는 법원이 되어서는 안 된다.

마비 장애인들만의 문제가 아니다. 태어날 때부터 듣지 못하는 농아는 교육과 훈련으로도 이해관계 의미를 잘 알 수 없어 비장애인을 먼저 속이는 일은 할 수 없다. 경찰과 검찰이 수사할 때 (수화 통역사가 있으나) 농아인들은 일반적인 복지와 법률 용어 의미 자체가 이해 불가한데, 경·검찰은 무엇으로 비장애인과 시시비비를 어떻게 가려야 할지 고민조차 없다.

통역으로 법 용어도 이해할 수 없는 상황이니 피해자가 가해자가 되거나 유야무야되기도 한다. 농아인은 거짓을 꾸밀 수 있는 장애가 아니라 비장애인이 교사해도 무슨 뜻인지 모르고 시키는 대로 할 뿐이다. 농인의 범죄 뒤에는 반드시 비장애인이 있다. 그저 자기가 당한 피해나 경험한 것만 말한다. 아이가 글을 읽는다고 해도 어려운 법률의 내용과 뜻과 의미를 알 수도 없고, 이해 불가한 것이 농인이다. 교육도 훈련도 받지 못한 농인들에겐 우리 사회는 이미 감옥이다. 정부와 국회는 일해야 한다.

7. 장애인도 일할 수 있다

복지는 장애와 사회 약자도 일할 수 있어야 한다. 생활보호수급자도 일하는데 적은 수급비에서 번 그만큼 차감되니 할 수도 없다. 수급비는 기본소득으로 하고, 작은 일이라도 할 수 있어 자립할 수 있는 법이 되어야 한다.

국가도 장애인의무고용제로 고용을 늘리고자 하나 대부분 분담금으로 해결하고 만다. 일이 가능한 수급 대상까지 일할 수 있는 법 기준을 만들어야 한다. 움직이지 않으면 몸은 더 어렵게 되어 국가복지비용은 증가하게 된다.

산업현장에서 장애 구인도 안 하면서 하청고용자가 장애인이 되는 나라에서 소 잃고 외양간조차 고치지 않는 법으로 매일 죽이고 앉은뱅이 소만 만든다. 관리와 보호도 못 하는 법들을 제정하고, 노동력 인구 감소로 인해 생산력 감소를 걱정하는 정부와 국회는 일해야 한다. 장애인도 일할 수 있게 해 달라는 것이 억지인지 고민해야 한다. 장애인이나 비장애인이나 똑같은 인권과 권리가 있다. 당당히 시험에 합격해도 장애가 있으면 갈 곳이 없는 현실은 변하지 않고 있다.

이십여 년 전 서울대를 졸업한 소아마비 장애인이 취업이 어려워 극단적인 선택을 한 일이 있었다. 그는 유서에 죽음을 생각하고 실행하는 것이 얼마나 눈물 나고 두렵고 서러운지 아느냐며 우리 곁을 떠났다. 이 호소가 언제나 마음을 아프게 한다. 장애로 인해 더 잘할 수 있는 분야도 있음을 정부와 기업들은 제발 참작하길 바란다.

21C형 직업에 기여할 수 있는 재능을 가진 장애 부분들도 있다. 그동안 많은 부처에 일할 수 있는 사업을 제안해 보지만, 답은 한결같

다. 반영하겠다고 하면서 무소식이다. 장애인뿐 아니라 사회 약자 모두 일할 수 있는 미래 새로운 분야의 일자리는 많다. 예산과 인력 부족만 탓하지 말고, 미래 사회 경쟁력과 환경 문제까지 해결할 일자리 창출을 모르면 삶에서 장애를 온몸으로 겪는 사람들에게 물어주기를 바란다. 정부와 국회는 일해야 한다.

8. 모든 장애는 국가가 일원화해야 한다

누구나 장애인이 될 수 있어 장애인과 비장애인으로 부른다. 가족이 중증장애인이 되어 보면 병원 치료와 재활 등 모든 진행을 일괄적으로 안내해 주는 시스템이 없어 당사자와 가족 모두 힘들다. 복지부의 '129 전화'는 모양만 있다.

어릴 적 장애는 아이가 사회 전반에 걸친 다양한 경험을 할 시간과 기회를 갖지 못하게 한다. 그래서 자식의 미래를 걱정하는 것이 부모의 일상이 된다. 장애아를 둔 부모들의 한결같은 바람은 아이보다 하루만 더 사는 것이고, 사후 자녀의 안정된 생활이다.

장애아는 장애 범주에서 벗어나 있고, 이미 중장애인도 65세가 되면 노인 복지로 오히려 돌봄 지원이 줄어든다. 체계적이지 못하면서 세분화된 제도는 오히려 예산과 인력을 비효율적으로 사용하는 결과를 낳고, 그 피해와 어려움은 국민의 몫이다.

요즘은 젊은 나이에도 뇌졸중과 같은 노인성 질환으로 일찍이 장애인이 되기도 하는데, 나이별 기준으로 분리하다 보면 적당한 시설이 없어 젊은 사람이 노인병원에 입원하기도 한다. 나이가 들면 더 힘들어지는데 일관성 없는 계획과 관리의 부재로 국민은 어려움을 겪는다.

정부가 전문기관들과 관련 세미나, 시범사업 등에 관심을 갖고 노력하며 매달려 온 지도 십수 년이 넘었다. 장애의 정확한 이해가 있을 때 여러 장애의 장단점을 아우르는 법과 제도를 만들 수 있다. 장애 연구와 현장 경험 등으로 세밀히 장애를 분류해도 장애 특성이 제각각이어서 어렵다.

경제력과 가정환경과 자치 단체 사정과 가족 수 등 많은 변수가 더해지면 답을 찾기 어려운 것이 장애다. 복지 사각지대는 오히려 잘못을 바로잡고자 만들어진 법과 제도가 만들고 있어 많은 예산과 인력으로도 해결되기 어렵다.

장애를 가지면 관련 기관과 전문인을 찾지만, 우리 시스템은 예산과 인력 부족을 내세우며 차선의 방법도 제시하지 못하는 실정이다.

장애 가족은 주간에 보호해 줄 수 있는 곳을 찾지만, 이 역시 태부족이다. 더 절망적인 것은 **법이 없으면 국민이 앞에서 죽어가도 손을 놓는 것이 우리나라 법치국가의 현실이다.**

모든 국민이 공통으로 겪는 장애를 세분화, 전문화로 나누고 쪼갠 법과 시책도 부족해 예산과 전문성도 부족한 인력까지도 나누고 쪼갠 결과다. 장애 구분과 돌봄도 선진국을 모방하는 차원이 아니라 선진국이 된 우리가 세계적인 기준으로 선도할 수 있어야 한다.

의학 전문지식과 장애 이해가 있어도 가정에서 장애를 해결하기란 매우 어렵다. 전문가와 전문기관의 상담도 제각각이고, 법 기준이 없으면 그만인 현실에서는 전문가와 기관들로 해결할 수 없는데 아직도 정부는 구분에 열중이다.

정부와 국회는 장애란 말은 하는데, 장애 국민은 없다. 성공한 극소수 경우는 가족이 직접 문제를 부딪치며, 해결을 위하여 실패를 거듭하면서 이룬 것이다. 정부도 갖가지 어려움은 물론, 24시간 돌봄을 감당할 수 없기에 마음만 간절할 것이다. 또 **가족은 가족이니 포기할 수도 없으니 국가와 사회가 도와야 하는 이유다.**

복지 관련 기관과 시설의 증가도 부족하지만, 법 기준에 적용되지 못하면 돌봄은 가정이나 개인의 몫이다. 어릴 때 장애는 그나마 돌봄이 용이하나 성장하면 맡아 줄 곳이 없다는 것이 더 큰 문제가 된다. 결국 법은 있으나 수용되지 못하고, 부모가 죽어도 시신 처리 도움조차 요구할 줄 몰라 방치하는 가슴 아픈 뉴스만 반복된다. 가정에서 짧지 않은 돌봄 책임도 결론은 모두 부모 몫이다. 보호자가 없으면 장애인은 방치된다.

그동안 장애뿐 아니라 전 분야에 세분화, 전문화로 얻어진 것은 양극화이고, 소외와 단절만 심화시켰다. 나이와 성별과 상관없이 누구나 장애인이 될 수 있다는 것에 동의한다면 장애 구분 없이 일괄적으로 **정부 장애인부처**를 만들어 치료와 재활과 돌봄을 가족과 상담하고 진행할 수 있어야 한다.

재활로 회복된 사회 복귀자는 관련 부서로 전환되어 사회의 기여할 수 있게 하면 된다.

공무원과 달리 위탁이란 방법으로 일하는 복지 관련 종사자는 준공무원 신분도 아니라 대우도 낮고, 보장도 불안정하다. 국가가 솔선해서 비정규직을 양산한 모양이다. 공무원 보장보다 조금 낮은 준복지공무원화를 하면 된다. 아직도 전문 기관 이용과 부족한 시설마저 인권 문제로 밀리고, 장애인 생활 독립 주장이 나올 수밖에 없어 시설 입소자와 재가 장애인들은 어려움을 더 하고 있다.

결국 책임 있는 정부는 감독만 한다. 장애를 이해하고 소명을 가지고 사랑으로 운영하는 시설까지 곤혹스럽게 한다. 장애인 인권 문제가 오래도록 심각하다 보니 장애문제연구소의 노력과 장애인 생활독립 연대의 주장도 국가가 나서서 공동체 방식으로 전환해야 할 때다. 남녀노소와 장애와 비장애인 인권이 따로여서는 진정한 선진국도, 민주국가라 할 수 없다.

시설 장애인 인권 문제도 시급하지만, 가족들이 돌보는 재가 장애 문제도 절실하다. 시설과 재가 가정과의 노인 약자들의 문제 해결방법이 공동체 관리 방향이다. 장애 발병 후 장애생활재활센터에서 재활 후 정부가 구분하고 주도할 수 있어야 한다.

20C 장애 판정 기준도 현실과 다른 것이 많은데 당사자는 어떻게 처리와 관리가 되는지도 알 수 없다. 국민의 복지 문제를 전근대적인 시설 운영 기준과 관리로 국가가 잘못 감독하면 복지 사각만 커질 뿐이다. 예산 관리와 인력 효용성도 관리도 될 수 없다.

현실을 외면한 법으로 강제하고 있어 부모가 떠나면 인권 문제를 예방하겠다는 법이 오히려 오갈 데도 없게 만들고 있다. 재가 장애인으로 보호자가 떠나면 그만이거나 운이 좋아야 입소할 수 있다.

장애는 가족들의 환경에 따라 복지의 질적 차이는 하늘과 땅 차이다. 하루빨리 장애 예방과 발병 후 재활교육과 돌봄 등을 원스톱 서비스로 바꿔야 한다.

장애에 매달려 있어 일하고 싶어도 하지 못하는 가족 구성원들의 생산력을 국가는 보호해야 한다.

공적 임무로 인해 장애를 가지면 국가가 법으로 정한 예후는 당연하다. 역할만 다를 뿐 국민 없이 국방과 공무원과 산업이 무슨 의미가 있는지 고민해야 한다. 우선 장애를 가지면 당연히 개인 책임에 우선하지만 어려우면 유공자 대우까지는 아니지만, 치료와 돌봄과 생계비 정도는 주어야 형평이 맞다.

국민이 장애인이 되면 사정은 극과 극이 된다. 군과 산재장애도 공상 처리가 안 되면 개인 부담이 된다. 선진국답게 모든 시스템을 개혁해야 한다. 불평등이 심해지니 **기본소득이란 주장이 나오는 것이고, 미래는 기업이 일자리를 책임지지 않는 기본복지시스템의 복지 안전장치다.** 국민이 살아야 국가가 존립할 수 있다. 장애를 가지면 나이, 성별 구분 없이 생활공동체시스템으로 도와야 한다. 국민 모두를 하나로 보는 가족공동체 형식이 미래복지 방향이 될 것이고, 이를 준비해야 한다.

한 보호자가 세 가정의 장애 셋을 돌보면 두 가정의 보호자는 일할 수 있다. 복지의 공평한 공동체적 돌봄은 예산과 사회적 비용 감소와 국가 생산력까지 더할 수 있기 때문이다. 더 이상 세분화, 전문화로 어려운 사람을 더 어렵게 하지 않는 통합관리로 선진국답게 21C 미래복지를 선도해 가야 한다. 정부와 국회는 일해야 한다.

9. 복지의 첫걸음은 주거복지다

하늘을 나는 조류는 자연에서 알로 부화한다. 둥지를 벗어나 어미새의 보살핌이 끝나면 독립을 한다. 사람의 방해만 없다면 스스로 거처를 만들어 자연의 섭리에 따라 먹이 사냥으로 문제없이 살아간다.

인간의 생명은 모두 존엄하다. 세상에 태어나면 부모와 사회의 보호 아래 양육과 교육을 받고, 성장하여 직업을 가지면 독립을 하게 된다. 시설 청소년들만큼 주거가 최우선으로 보장되어야 공부에 아르바이트도 하며 살아갈 준비를 할 수 있다.

나무와 꽃들의 씨앗이 생육 환경이 제대로 형성되지 못하면 바람에 이리저리 날리다 사라질 뿐이다. 나무와 꽃의 씨앗과 같은 우리 생명에게도 내일을 이어갈 수 있는 주거환경을 만들어 주어야 한다.

우리나라만큼 거주할 곳이 없는 사람을 일컫는 명칭과 분류가 세심한 나라도 있을까 싶다.

노숙인(露宿人): 집이 아닌 길거리나 역 따위에서 잠을 자는 사람

부랑인(浮浪人): 일정하게 사는 곳과 일이 없이 떠돌며 방탕한 생활을 하는 사람

행려인(行旅人): 일정한 거처 없이 길거리를 떠돌아다니는 사람

복잡한 기준이 아닌 모두 주거가 없는 것으로 구분했고, 미국에서는 '홈리스'라고 한다.

고시원과 쪽방 형태는 그나마 주거가 있어 다행이다. 주거지가 없으면 국가가 정한 복지 법으로 보호받지 못한다. 국가는 주민등록 말소자로 얼마의 국민이 공중에 떠 있는지 파악조차 못 하고 있다.

지금도 노숙인 등의 문제를 다른 나라 국민 취급이다 보니 미래의 동량(棟梁)들인 아동보호시설의 청소년들이 '자립정착금' 5백만 원이 전부로 제2의 노숙인이 된다.

나무와 꽃처럼 뿌리를 내릴 주거 안정이 우선 해결되어야 먹고

마시며 공부하며 직장을 가지고 국가의 동량(棟梁)이 될 수 있다. 19세가 되면 정작 홀로서기에 필요한 도움의 최정점에서 독립비용 5백만 원을 받고 내쫓긴다. 부모 밑에서 양육 받던 19세도 독립비용 5백만 원을 주며 의식주와 교육, 직장까지 알아서 하라고 한다면 할 수 있는 청소년은 없다. 인구 감소와 노동력을 걱정하면서 미래 일꾼인 청년들을 노숙인으로 만들면서 예산은 어디에 사용하는지 정말 묻고 싶다.

21C 복지는 국가가 나서서 공부시키고 훈련하여 일할 수 있는 곳과 주거를 독립할 때까지 책임지는 것이 기본적인 선진 사회의 책무다. 이번 코로나19로 자영업 등 많은 직종이 어려운데 공무원들의 급여와 인상은 변함이 없다.

어려운 현실에 국민지원금 지급을 두고, 국가 재정을 지켜야 한다는 논리의 20C 경제 관료들로는 21C 미래 복지는 양극화만 키울 뿐이다.

우리 사회의 구태의 복지 가치로 개인적인 노력에도 노숙인이 되면 복지와 단절된다. 정부와 지방 자치 단체의 책임 미루기에 바쁘고 턱없이 부족한 노숙인 쉼터나 자활은 무늬만 있다. 복지를 종교나 시민단체의 식사 제공과 무료 치료 등의 후원에 맡기고, 법이 없으니 할 수 없다고 말하는 국가는 선진 복지국가는 아니다.

노동력 인구 감소를 걱정해 많은 예산이 사용되는데 똑같은 권리를 가진 노숙인의 노동력을 버리면서 노동력 감소를 말하면 안 된다. 더구나 미래를 책임질 청소년이라 말만 하지 말고, 노동력 감소로 연금을 걱정하기보다 청소년과 노숙인에게 주거할 곳부터 주고, 일할 수 있게 해야 세금을 걷을 수 있다. 정부와 국회는 일해야 한다.

10. 노후 복지, 가정 문화에 답이 있다

급속한 발전과 변화 속에서 제일 문제가 복지별 우선순위가 올바른 가치 순서가 돼야 한다. 급속한 초고령 사회로 발등에 불이 떨어져 있는데도 각 분야의 복지 우선순위 주장들만 있다.

누구나 늙어 보기 전까지는 젊다는 착각으로 늙기 때문이다. 죽음의 시간이 객관적으로 작게 남은 노인 순서가 옳다. 30년 재활 프로그램을 진행하면서 복지의 꽃은 죽으면 그만일 것 같은 장례 복지였다.

어르신 복지가 바로 되지 않으면 신생아 출산 기대는 희망일 뿐이다. 선순환 복지가 출산 증가라면서 노인 복지에서 중요한 죽음을 등한시하면 젊은 사람들은 아이를 낳지 않는다. 노후 장례 복지도 보장이 안 되는데 누가 애를 낳고 국가에 충성하려고 하겠는가. 오랜 역사를 이어온 것은 가족 문화 경험치의 값으로 살아왔고, 그 바탕으로 살아갈 때 오래 지속시킬 수 있다.

복지 프로그램 진행을 통하여 제일 절망적일 때가 소통 가치의 부재로 법이 없으면 그만이다. 소통은 상대를 인정해 주는 것에서부터 시작되는데, 정작 가정 문화 붕괴로 세대 간 차별까지 더하고 있어 단어만 존재한다. 불통이란 말은 이미 잘못임은 아는데 의식은 따라가지 못한다는 고백이다. 핵가족화로 사회 약자가 되면 하루살이가 된다. 선진국이 국민연금으로 해결될 일이면 가까운 일본도 초고령 사회 고민이 문제가 될 것이 없었다.

세상은 급변하는데 대책이라곤 50년 전의 20C 가치로 21C 경제와 복지를 한다. 노인이 되면 의식주와 건강을 잃어도 타인을 돌봐줄 정도에 작은 일을 할 수 있고, 이웃과 친구들과 즐겁게 생활할 수 있고, 장례 걱정 없으면 더 바라지 않는다.

사회가 퇴직과 구직을 나이로 결정하던 20C 법에서, 이제 21C는 건강검진의 생체나이 검사로 기준을 바꿔야 하며 국민적 합의만 있으면 바로 실행할 수 있고, 미래를 위해서 전환되어야 한다. 기계 성능이 좋으면 연도가 오래되어도 사용한다. 그러나 사회는 사람을 건강과 무관하게 나이로 퇴직을 정해 버린다. 기계도 사용하지 않으면 녹 쓸 듯이 퇴직하면 건강했던 사람도 급격히 노쇠해진다.

생체나이로 정년을 정하면 개인들의 건강도 스스로 노력할 수밖에 없고, 우리가 만들면 세계가 따라올 것이다. 국민건강검진에 생체나이 분별만 더하면 된다. 왜 세계를 선도할 수 있다는 생각은 못하는 것인지 이해할 수 없다.

노후연금도 부족하다며 민간 노후 보험 상품이 넘쳐난다. 정부도 형평성도 없는 노후연금에만 매달리기보다 앞서 진정한 가정과 행복한 삶이 무엇인가 시작부터 새로이 해야 한다. 1년 국민연금으로 22조를 걷는데 민간보험은 35조다. 국가가 시스템을 잘 갖추고 투명하게 관리하며 보장만 확실하다면 국민은 세금을 더 걷어도 저항은 없을 것이다.

우리 **고유의 부양 문화로 기본 복지는 이룰 수 있다.** 세상이 급변하고 경쟁 사회라 해서 발전 헤게모니만 따라가서는 세계를 선도할 수도 없고, 국민을 행복하게 할 수도 없다.

복지란 생각하기에 따라 어려운 문제가 되기도 하고, 아주 쉬울 수도 있다. 6.25전쟁 때 참전 국가인 에티오피아는 경제가 어려워 지원받는 국가지만 행복지수에서는 상위에 들었던 지표가 복지에 대한 절반의 답이 된다. 어렵지만 가정 돌봄 문화가 말해 주고 있다.

세계 경제 변화로 어쩔 수 없다면 변화된 생활 속에서 대신 할 수 있도록 만들면 된다.

사람 마음을 규격화된 틀 속에 가둔 복지로 가질 수 있는 것은 격리 복지밖에 없다. 선진 복지 모방 방식은 부모 자식 간의 거리만 멀게 하는 '버리는 복지'다.

현 사회문화에 지역과 문화 동질성을 가진 어르신들을 공동체 형식으로, 즉 50년 전 동네 문화로 바꾸면 된다. 오래전 국가에 제안했던 마을회관을 중심으로 도시는 아파트 노인정과 지역 노인정을 활용해 이웃 독거 어르신들끼리 생활과 의료 및 기타 복지 서비스를 연계하여 지원해 준다면 저비용과 관리로 노후는 행복할 수 있다. 살던 곳을 떠나 처음 본 사람과 생소한 시설에서 지내고, 불편한 장애 몸으로 지난날의 추억도 없는 곳에서의 삶은 노후 복지가 아닌 감옥이다. 진정한 복지는 살던 곳에 이웃들과 즐거움도 죽음도 나눌 수 있을 때 이루어진다. 이것이 바람직한 죽음의 준비다.

국가 경쟁력과 효율을 명분으로 공기업화 된 주택, 에너지, 통신 같은 삶의 필수적인 것은 국가로 환원해야 할 때다. 작은 비용으로도 안전한 삶을 살아갈 수 있어야 한다. 국민보다 공기업 자신들의 복지에 우선할 수 없다.

아직 물 관리는 민영화가 안 되어 다행이다. 전기가 몇 시간만 단전된다면 장애인과 사회 약자들에겐 어떤 치명적인 문제가 발생할까 국가는 고민해야 한다. 엘리베이터 작동이 안 되면 아이들과 장애인과 노약자들에겐 감옥이다.

미래 사회의 답이 지역공동체라며 만들어진 것이 지역 자치 개념이다. 높아만 가는 아파트 층수만큼 이웃도 없는 동네 개념이 무슨 지역공동체인가? 전원주택으로 자연을 찾아도 이웃을 없게 만들었다. 우리가 발전에 급급하며 10년도 내다보지 못한 결과다. 정부와 국회는 일해야 한다.

11. 사회 약자 방문과 왕진 의료가 필요하다

자연스러운 노화로 거동이 힘들고, 경제적으로 어려우면 의료 혜택은 도시도 시골에서도 그림의 떡이다. 병원시스템진료가 오고 갈 수 없는 장애인뿐 아니라 어르신들의 관절 질환 등과 같은 거동이 어려운 분들에게 거리가 멀면 이용이 어렵다.

국민 건강을 책임져야 할 의료가 국민은 의사를 찾아가는데 사회 약자에게 의사는 왜 찾아가는 국가가 되어서는 안 되는지 답해야 한다.

재활 프로그램 진행으로 먼저 알게 된 것이 국가 일원과 아닌 분들로 나뉨을 절감하게 한다. 국가 발전이 도시와 지방으로 나뉘고, 의료와 복지 지원도 차이가 크다. 좁은 나라에서 도심이 아닌 시골에 사는 이유로 장애나 질병 치료, 재활에 관한 진료 혜택은 턱없이 적은데 마치 지구 반대편에 사는 것 같은 느낌이 들 정도이다.

도시에 있는 병원은 근거리에 있어 거동이 불편하면 119의 도움을 받을 수 있으나 시골은 근린 환경이 열악하다. 의료 체계가 국민 중심이 아니라 경제 논리에 의해 병원 중심으로 이루어지고 있다. 효율을 위해 어쩔 수 없다고는 하나 아프고 싶어서 아픈 사람은 없다. 도심은 방문간호사제도가 운용되는 곳도 있으나 시골은 그것마저 거리 문제로 어렵다. 어렵다고 외면하면 국민을 외롭게 죽이는 것이다. 이런 사정으로 도시를 떠나지 못하니 부동산 문제도 심각해지는 것이다.

도심지도 중증장애인뿐 아니라 노쇠(老衰)로 인한 거동이 불가한 사회 약자들을 찾아가는 왕진은 없다. 시골은 더 말할 필요도 없다.

예산과 인력 부족을 말하지만, 현장을 방문해 보면 차선의 대안들이 눈에 보인다. 현실을 모르면 문제는 계속되고, 갖가지 장애들로 죽어가는 고통은 사회 약자 국민의 몫이다. 중장애로 찾아가 보면 해결이 가능한 것이 더 많다.

누구나 어려워질수록 사람이 그리워진다. 이들을 직접 만나면 건강 문제뿐 아니라 생활편의를 위해 무엇을 도와줘야 하는지 어떤 편의시설이 필요한지 너무나 쉽게 알 수 있다. 선진국 모방이 만든 전문성과 세분화만 했지, 하나로 관리할 수 없어 연결을 못 하는 구조는 결국 차별을 만들고, 차별은 곧 죽음이다.

의료든 생활문제든 일회성 복지 솔루션(solution)으로 해결하는 모습이 이를 대변해 주고 있다. 의료와 생활복지 해결은 도시 집중과 부동산과 저출산 문제에도 도움이 된다. 이것이 오래전부터 지역마다 생활재활 센터를 만들 필요를 제안했던 이유다. 이미 세분화, 전문화된 지자체와 병원과 보건소와 각 복지기관을 잘 연결만 해도 가능하다.

법도 제각각이고, 기관도 부서도 각각이니 어렵게 발품을 팔아도 답은 없다. 병원 설립이 어려운 의사에게 국가가 투자해 관리하면 사무장 병원 문제도 막을 수 있다. 법은 있으나 국민이 죽어도 책임질 곳도 사람도 없는 비정한 나라에서 누가 미래를 위해 애를 낳고, 국가를 위해 살겠는가 싶다. 이런 현실에서 천하보다 귀한 것이 국민의 생명이라는 말만 한다. 정부와 국회는 일해야 한다.

12. 전 국민적 발목 밀기와 뻗기 운동 의미

노인뿐 아니라 전 국민이 하루 시작과 끝부분에 발목 밀기 2~3회만 해도 일상생활로 피로가 쌓인 인대(아킬레스건)에 긴장을 풀어 주어 각 기능 회복에 영향을 준다. 간단한 동작으로 건강한 삶에 큰 도움을 준다. 더구나 손상으로 서고 걸을 수 없는 장애인에게는 회복의 기회도 가질 수 있다.

1) 전 국민 운동 요령

우리의 건강을 위해 고가의 운동들도 한다. 기계도 기름을 치면 잘 돌아가듯이 평소 몸의 작은 각 부위 관절에 작은 움직임(운동)만으로도 건강을 지켜갈 수 있다.

— 잦은 복식호흡 활성화로 폐활량을 늘리고, 몸이 필요로 하는 산소를 공급한다.
— 뼈 건강을 위한 식습관 관리와 적당한 운동으로 골다공증을 예방한다.
— 돌시플랙션(발목 밀기)와 프랜타플랙션(뻗기 동작) 참고한다.
— 의자에 앉아 발을 물속에서 물장구치듯 교대로 찬다.

— 의자에 앉아 두 발을 평행이 되게 올린 상태에서 교차한다.

— 의자에 앉아 손끝에 힘을 주고, 수영하듯 손을 쭉쭉 뻗으면서 발은 물을 차듯 교차하게 한다.

— 오랜 시간 의자에 앉아서 있으면 목 돌리기와 일어났다 앉는 스트레칭을 한다.

— 기타 가벼운 기지개 펴기와 같은 스트레칭 습관화한다.

— 우리 몸의 비밀 중 하나는 끊임없이 작은 몸의 관절들을 지속적으로 움직여 주는 것임을 주지하고 실천한다.

— 음료가 아닌 물만 자주 마셔도 건강에 도움이 된다.

2) 국민·노인 건강과 의료비 절감 및 환경 보호 효과

— 안전사고 예방으로 건강과 국가 예산 절감

— 노쇠(老衰)로 서고 걷지 못해 발생하는 생활 어려움과 의료 예산 절감

— **기저귀 사용을 줄여 환경오염과 비용은 물론 의료비 절감**

— 스스로 생활이 가능하면 돌봄, 인력 비용 등 시설 등 절감

— 전 국민의 일상적 발목 운동이 건강 증진으로 이어져 건강보험 예산 절감

— 서고 걸을 수 없어 병원이나 시설로 분리될 때 발생하는 비용 절감

13. 장기 기증은 진정한 사랑이다

전통적인 유교 영향으로 신체발부수지부모(身體髮膚受之父母)라 하여 부모에게 물려받은 신체를 소중히 여기는 문화로 장기 기증은 불효로 알았다.

장애를 가지면서 장기를 기다리고 있는 분들이 많음에 놀랐고, 장기 하나만 있으면 한 생명을 살릴 수 있는데 귀한 생명들을 떠나보내는 현실을 보는 것이 안타까웠다.

죽으면 바로 부패하고 썩어질 장기를 절실한 사람에게 주고 갈 기회가 있다는 것을 선조들이 알았다면 모두 좋은 일 하고 오라고 했을 것 같다.

현대는 우주를 오갈 정도로 과학이 발전했지만, 인간은 첨단 과학이 만들지 못하는 귀한 것을 자식에게 주듯 주고 가야 한다.

신체는 부모님께서 주신 것이니 소중히 여겨 건강하게 잘 살라는 의미이고, 죽으면 예를 다하라는 뜻이다. 이런 전통은 다른 시각으로 보면 유골은 남지만 썩어버릴 장기로 몇 생명을 살릴 수 있음을 알고, 소중히 사용하다 좋은 옷 물려주듯이 주라는 선견지명으로 볼 수도 있다. 우리 민족은 죽어서도 국가와 이웃들을 사랑하는 애민정신이 있다. 이웃을 사랑한다면서 바로 썩어 악취를 풍기다 흙으로 돌아가는 장기를 조금이라도 더 세상에 머물 타인에게 주는 일처럼 숭고하고 의미 있는 일은 없다.

마지막 가는 길에 최고로 선하고 좋은 일을 하고 갈 수 있는 기회를 대부분 화장되고 만다. 기증을 하고 나면 정성껏 시신을 성형해서 가족들 장례에 소홀함이 없게 한다.

나이와 상관없이 망막 문제로 평생 앞을 보지 못하는 분께 줄 수 있다면 얼마나 기쁜 일인가. 시신이 눈을 뜨고 있는 것도 아닌데, 망막 제거는 표시가 나는 것도 아니다. 우리나라에 망막만 이식해도 수만의 사람이 앞을 보며 이웃들과 함께 할 수 있다. 세금을 적게 내고 싶다면 예산으로 많이 사용될 복지비용을 줄일 수 있는 헌혈과 장기 기증이라도 해야 하는 이유다.

25년 전 장기 기증을 하는 단체에 장기와 시신 기증을 했다. 지금도 기증하고 받은 장기 기증 카드가 있으나 소식지가 2년 오다 끊긴지 오래여서 어떻게 관리가 되고 있는지 알 수 없다. 다시 알아보고 주민등록증에 스티커를 붙여준다는 곳에 연락을 해야 할 것 같다. 자식들도 떠나시는 분의 유지에 따라 뜻을 지켜드려야 한다. 장기 기증 본부는 역할과 관리를 잘하기를 부탁드린다. 정부와 국회는 일해야 한다.

3부

예방과 재활

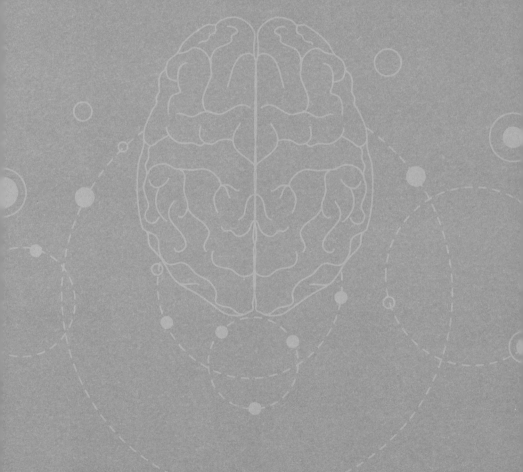

6장

장애 예방과 재활 정보 가이드

1. 응급 처치

사고 발생 후 주변의 협조와 조치 사항

1) 협조 사항

● 남의 일이라고 구경꾼이 되지 말고 협조자가 되어야 한다.
■ 신속하고 정확한 신고를 해 주는 것만으로도 훌륭한 협조자가 된다.
■ 신고 후 환자를 보호하며 질서유지를 위하여 교통정리를 한다면, 보다 빠른 구급차 이송에 도움이 된다.

2) 사고 발생 후 조치 사항

(1) 신고 시 알려야 할 사항

● 6하원칙에 따라
— 사고 일시
— 사고 장소
— 사고 성격(교통사고, 화재 등)
— 사상자 수와 부상 정도
— 사고 수습에 필요한 인원과 장비
— 기타 사고와 관련된 사항

(2) 신고 전 관찰 요령과 조치

상태	관 찰 요 령	필 요 한 조 치
의식 상태 호흡 상태	■ 말을 걸어 본다 ■ 대답이 없을 때는 팔을 꼬집어 본다 ■ 가슴이 뛰는지 살핀다	■ 의식이 있을 때 - "괜찮다, 별일이 없다, 구급차가 곧 온다"고 하여 안심을 시킨다 ■ 의식이 없을 때 - 기도를 확보한다 ■ 호흡이 없을 때 - 인공호흡을 한다.
출혈 상태	■ 뺨을 부상자 입, 코에 대어 본다 ■ 맥을 짚어 본다 ■ 어느 부위에서 어느 정도 출혈하는지 살핀다	■ 맥박이 없을 때 - 인공호흡과 심장마사지를 한다. ■ 지혈 조치한다.

구토 상태	▪ 입속에 오물이 있는지를 본다	▪ 기도 확보를 한다
기타 신체의 이상	▪ 신체의 일부 변형이 있는지를 본다 ▪ 심하게 통증을 호소하는 곳이 있는지를 본다	▪ 과도한 움직임에 조심하여 부목을 사용한다. ▪ 이송 조치를 준비한다.

(3) 신고 후 조치 사항

● 사고 시 유의 사항

① 냉정하고 침착한 판단으로 당황하지 않아야 한다.

② 부상과 질병의 정도와 환부가 어디인지를 재빨리 알아보고 처치한다.

③ 적절한 조치를 할 수 없는 경우에는 처치와 치료를 피하고, 아무것도 하지 않는 편이 좋다.

④ 악화되는 것을 막기 위해서는 의사나 구급차가 올 때까지 환자를 움직이지 않아야 한다. 기본이다.

⑤ 출혈이 심할 때는 지혈법을 처치하고, 호흡·심장정지에는 인공호흡과 심장마사지 등 서둘러야 할 처치부터 개시한다.

⑥ 구토하거나 의식불명일 때는 질식할 위험이 있으므로 기도(숨구멍)를 확보한다.

⑦ 의식이 없을 때는 음료를 주지 않아야 한다.

⑧ 몸이 식지 않도록 하고, 불안하게 하는 말은 금물이다.

⑨ 운반 시 잘못된 방법은 환자에게 위험을 초래할 수 있으므로 대단히 조심해야 한다.

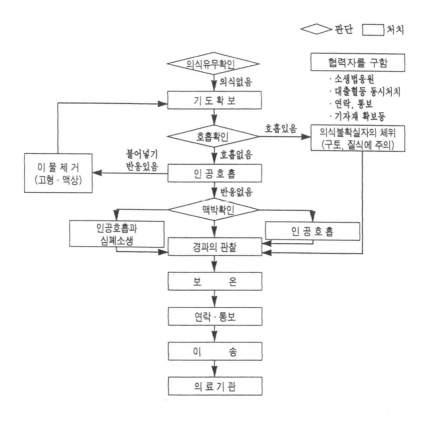

그림에 포함된 텍스트:

◇ 판단 　 □ 처치

의식유무확인
의식없음
기도확보

협력자를 구함
· 소생법응원
· 대출혈등 동시처치
· 연락, 통보
· 기자재 확보등

호흡확인 — 호흡있음 → 의식불확실자의 체위
(구토, 질식에 주의)
호흡없음

인공호흡

이물제거
(고형 · 액상)
불어넣기
반응있음

맥박확인
반응없음

인공호흡과
심폐소생

인공호흡

경과의 관찰

보　온

연락 · 통보

이　송

의료기관

3) 응급 처치 세부 내용

(1) 구급차를 부르는 방법

- 구급차 호출 비용은 무료다. 특정 병원을 지정할 수는 없으나,
  주치의가 있는 인근의 특정 병원으로 가고 싶은 경우에는 구급
  요원에게 요청하고 상의한다.

* 구급요원의 응급 처치 후 후송 병원의 지정은 구급요원의 의견과 판단에 우선해야 한다. 응급환자의 경우 환자의 상태에 따라 그에게 가장 적절한 병원과 전문의가 어디에 있는지 구급요원이 가장 잘 알고 있기 때문이다.

- 신고 방법
  - 지역, 국번에 상관없이 119로 전화
  * 기존의 129 응급구조대는 1339번으로 변경하여 상담, 지도, 안내 등 응급정보센터의 기능을 하고, 환자 이송 업무는 119 구급대로 통합되었다.

(2) 최초 구조 요령

● 회생의 첫 단계(ABC)

A
— 호흡 통로를 연다
— 부상자의 입에서 이물질을 제거한다.
— 부상자의 머리를 뒤로 젖히고 턱을 위쪽으로 든다.

B-호흡
— 부상자가 숨을 쉬고 있는지를 5초 동안 눈으로 보거나 귀로 듣거나 코에 손가락을 대어 느끼는 방법으로 확인한다.

C-혈액 순환

― 5초간 부상자의 목에서 맥박을 체크한다.

● 숨을 쉬지 않고 맥박이 뛰는 경우

1. 부상자의 코를 견고하게 잡는다.

2. 숨을 깊이 들이쉬고 입술을 상대방의 입술에 댄다.

3. 가슴의 부풀림을 보면서 입 안으로 천천히 분다. 가슴이 완전히 가라앉도록 두고, 약 10초 간격으로 인공호흡을 실시한다.

4. 부상자를 두고 도움을 청하러 갈 경우, 먼저 10번의 인공호흡을 실시하고, 신속히 돌아와 회생의 첫 단계부터 다시 점검하고 필요한 조치를 취한다.

● 숨을 쉬지 않고 맥박이 뛰는 경우

1. 직접 혹은 다른 사람으로 하여금 119에 의료 지원을 요청하도록 한다.

2. 회생의 첫 단계를 재점검하고, 필요하면 두 번의 인공호흡을 실시하여 가슴 압박을 한다.

3. 흉곽과 가슴뼈 교차점에서 2개 손가락을 세운 넓이만큼 윗부분에 오른쪽 손바닥을 댄다.

4. 왼쪽 손바닥을 위에 대고 손가락 마디를

끼다.

5. 손을 쭉 펴고 4~5cm가량 깊이로 가
슴을 15차례 누른다.

6. 의료 지원이 올 때까지 2번의 인공호
흡과 15번의 가슴 압박을 반복한다.

7. 상태가 호전되면 맥박을 확인하고,
인공호흡을 계속한다. 매 열 차례의 인공호흡 후 맥박을 확인
한다.

● **출혈**

- 큰 상처 : 가급적 장갑을 착용하고,
만약 장갑이 없으면 상처의 피와
닿지 않도록 손의 베인 상처나 까진
상처가 있는지를 확인한다.

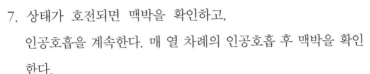

1. 상처가 깨진 유리나 다른 물질로 인
한 것인지를 확인한다. 상처를 완전
히 노출시키고, 헝겊이나 손가락으
로 출혈 부위를 직접적으로 압박한다. 만약 상처가 벌어져 있
다면 양쪽을 함께 누른다.

2. 만약 뼈가 부러진 것 같은 경우 조심스럽게 부상당한 팔이나
다리를 들어서 고정시킨다.

3. 살균된 헝겊을 상처에 대고 견고하게 부착한다(만약 살균된 헝겊
이 없으면 임시변통으로 손수건이나 넥타이를 사용한다). 만약 피가
헝겊에 배어 나오면 원래의 헝겊 위에 다른 헝겊을 견고하게

부착한다.

4. 의료 지원을 요청한다.

5. 일단 부착된 헝겊은 제거하지 않는다.

- 작은 상처 : 물로 씻어 내고 필요하면 작은 헝겊을 부착한다.

● 화상

1. 화상 부위를 찬물에 담근다. 가급적
   이면 약 10초간, 고통이 지속되면 더
   오랫동안 계속 담근다.

2. 시계, 보석, 꼭 끼는 옷을 벗긴다. 살
   에 붙은 옷은 손대지 않는다.

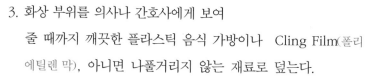

3. 화상 부위를 의사나 간호사에게 보여
   줄 때까지 깨끗한 플라스틱 음식 가방이나 Cling Film(폴리
   에틸렌 막), 아니면 나풀거리지 않는 재료로 덮는다.

4. 기름, 연고, 달라붙는 회반죽은 사용하지 않는다.

5. 물집은 터트리지 않는다.

6. 부상자의 손 크기보다 큰 수포가 생길 경우 의료 처치를 받아
   야 한다. 화상 크기가 깊은 경우 크기에 상관없이 병원 치료를
   받아야 한다.

● 눈에 이물질이 들어간 경우

1. 부상자가 빛을 마주하도록 앉히고 뒤로 비스듬히 기대도록 한다.

2. 엄지와 집게손가락으로 눈꺼풀을 벌린다.

3. 이물질이 보이면, 살균된 물로 씻어 낸다(만약 살균된 물이 없으

면 흐르는 물이나 떨어지는 물도 가능).

4. 물로 이물질 제거가 안 되거나 이물질이
   깊이 박혀 있으면 눈을 헝겊으로 덮는다.
5. 의료 지원을 요청한다.

● 근육이 접질리거나 염좌(손목. 발목이 삔)가 된 경우

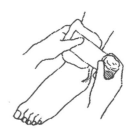

― 접질림은 팔다리의 관절이 어떤 물
   체와 마주쳐서 삐는 경우를 말하
   는데 근육의 지나친 긴장에서 연
   유되고, 염좌는 인대나 관절이 비
   틀리거나 찢어진 경우에 발생한다.
1. 부상당한 팔, 다리를 가장 편안한
   자세로 놓는다.
2. 얼음팩을 대거나, 차가운 압박붕대를 적어도 20초 동안 상처
   부위에 댄다.
3. 부상 부위를 두꺼운 원면 조각이나 붕대로 압박한다.
4. 팔이나 다리를 들어 올린다.

● 질식

1. 부상자가 기침을 하도록 돕는다.
2. 입을 벌리고 이물질을 제거한다.
3. 부상자를 앞으로 구부리도록 하고, 양
   어깻죽지(shoulder blades) 사이를 5차
   례까지 두드린다.

4. 입 안에 눈에 보이는 물질이 있는지를 점검하고, 필요하면 등을 계속 두드린다.

5. 어린애는 팔로 안거나 무릎에 눕히고, 배보다 머리가 더 낮게 가도록 한 후 등 두드리기를 한다.

* 만약 등 두드리기가 효과가 없으면 복부 압박을 실시하고, 아이나 어린이에게는 절대 복부 압박을 실시하지 말아야 하고, 만약 피해자가 의식을 잃은 경우에는 회생의 기초 단계부터 반복해야 한다.

6. 부상자의 뒤에 서서, 팔로 허리를 두르고 두 손을 마주 잡는다(한 손바닥을 위로 다른 손바닥을 아래로 할 것).

7. 위쪽 대각선 방향으로 강하게 잡아끌어 올리는데 5회까지 반복한다.

8. 효과가 없더라도 포기하지 말고, 구급차를 부르고 등 두드리기와 복부 압박을 교대로 실시한다.

● 물리거나 쏘인 경우

1. 족집게로 침을 제거한 후 차가운 습포를 댄다.

2. 호흡이 곤란해지거나 통증과 붓기가 계속되면 의료 지원을 청한다.

3. 부상자가 의식을 잃으면 회생의 첫 단계부터 시작할 준비를

하고, 의료 지원을 요청한다.

4. 물려서 약간의 출혈이 있는 경우 5분간 물로 씻어 내고 반드시 의료 지원을 요청한다.

5. 물려서 심한 출혈이 있는 경우 '출혈' 부분에서 제시된 대로 따르고 반드시 의료 지원을 요청한다.

6. 개에게 물린 경우 반드시 경찰에 신고한다.

2. 인공호흡법

- 사전에 기도의 확보와 이물질 제거를 올바르게 시행한다.
- 눈으로 가슴의 움직임을 확인하고, 귀로는 입과 코의 숨결을 확인한다.
- 어린이의 경우에는 불어 넣는 숨의 양을 약간 적게 한다.
- 의식이 있는지를 확인한다.
- 손목의 동맥, 목 아래의 경동맥에 손을 대어 보아 맥박을 확인한다.

1) 기도 확보

- 입 안의 청소

입 안의 혈액과 조각난 치아, 점액, 때로는 엿, 구슬, 떡과 같은 것이 목을 막고 있는 경우가 있다. 입을 열어서 조사하고 이것을 없앤다. 이때에는 손가락에 얇은 마른 수건을 말아서 입 안을 청소한다.

손가락에 얇은 마른 수건을 감는다

입 안을 청소한다

2) 이물 제거

이물이 목 안에 있어서 꺼낼 수 없을 때는 옆으로 눕히고, 상반신을 아래로 해서 등 가운데의 중앙부에서 약간 위의 부분을 강하게 손바닥으로 치면 쉽게 꺼낼 수 있다.

의자 같은 받침대 위에 놓고 턱을 밀어내는 것처럼 하여 손바닥으로 등 가운데를 강하게 두드린다.

뒤에서 상반신을 안은 것처럼 하여 오른손 주먹은 간격을 벌리고 왼손으로 오른손의 주먹을 감싸며 흉부를 양 옆구리에서 세게 비트는 것처럼 압박하면서 힘을 강하게 자기의 앞, 위 방향으로 높게 끌어 올린다. 또한 1~2회에 정지한다.

 턱을 밀어내는 것처럼 하여 손바닥으로 등 가운데를 4회 정도 강하게 두드린다.

 등 가운데를 손바닥으로 강하게 두드린다.

 턱을 손바닥에 놓고, 중지로 열면서 밀어내는 것처럼 하여 손바닥으로 등 가운데를 강하게 두드린다.

● 두부후굴의 하악권상

의식을 잃으면 아래턱이 늘어지며, 아래턱에 있는 혀가 후방의 목 방향으로 쑥 빠져 공기가 통하는 길(기도)을 좁게 하여 호흡을 답답하게 할 뿐 아니라 목 안을 딱 막아서 호흡을 정지하게 하는 것이다.

의식을 잃고 있을 때는 바로 호흡이 곤란하게 되므로 혀를 목에서 떨어지게 한다. 그리고 머리를 뒤로 젖히고, 목 근처를 넓게 쥐면 좋다. 아래 그림을 보면 혀는 목에서 자연히 벌려진다.

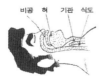

머리를 뒤로 젖힐 때는 한쪽 손을 머리 혈관에 대
고 다른 손은 이마에 대며 왼쪽 그림과 같이 한다.
이와 같이 하면 머리 혈관에 댄 왼쪽 손으로 머리
의 경동맥을 찾고 맥을 볼 수도 있다.

두골(머리뼈)을 아프게 하거나, 머리를 뒤로 젖히
는 것이 무리일 때는 아래턱을 높이 끌어 올린다.

3) 불어넣기 인공호흡법

호흡이 정지되었을 때는 곧바로 인공호흡이 필요하다. 인공호흡
의 방법에는 여러 가지가 있지만 이 방법은 직접 폐에 코와 입으로
숨을 불어 넣는 것을 확실하게 할 수 있고, 누구라도 간단히 할 수
있다. 또한 이 방법은 맥박이 정지된 때에 하는 심폐소생법과 병행하
여 실시할 수 있다.

입 가운데에 구토물과 혈
액 등이 있는지를 확인하

숨을 불어넣을 수 있도록
크게 입을 벌리고, 환자의

불어넣기가 끝나면 바로
입을 놓아 주고, 환자가

여 청소하기도 하고 이물 입을 막고 가슴이 부풀어 토해 내는 호흡을 느끼면
을 끄집어내면서 한쪽 손 커지도록 불어 넣는다. 잘 되고 있는 것이다. 이
을 목 밑에 대고 다른 손 때 가슴의 움직임을 본다.
을 머리에 대어 머리를
뒤로 젖혀 기도를 열며
콧구멍을 이마에 댄 손으
로 막는다.

숨을 불어 넣을 때 저항이 없고 넣기가 끝나면 가슴의 움직임을
보며 뺨에 환자가 토해 내는 호흡을 느끼면 인공호흡은 잘 된 것이
다. 어른이면 5초에 1회, 어린이면 그것보다 빠르게 3초에 1회의 비
율로 불어넣기를 계속한다.

인공호흡의 리듬

최초의 1회는 천천히 불어 넣고, 기도 개방 상태를 확인한다. 계
속 연속하여 3회 빠르게 불어 넣는다. 그런 다음에는 5초에 1회의
리듬으로 불어 넣는다(어른).

				1 2 3 4 5 1 2 3 4 5 1 2 3 4 5 1 2 3 4 ⋯⋯⋯⋯⋯ ➤ (초)
불	불	불	불	불　　　　불　　　　불
어	어	어	어	어　　　　어　　　　어
넣	넣	넣	넣	넣　　　　넣　　　　넣
기	기	기	기	기　　　　기　　　　기

어린이와 유아는 입과 코를 함께 막고
호흡을 불어넣는다.

불어넣기에서는 환자의 입에 입이 닿
기 때문에 조금 기분적으로 저항이 있
다. 이때에는 손수건 등을 입에 댄다.
청결감도 있고 저항은 의외로 없다.

4) 심폐소생법

심장마사지는 압박의 위치와 압박 방법을 잘못하면 근골 꺾기 등
을 일으키며 중요한 장기에 손상을 줄 위험이 있으므로 충분한 훈련
을 통하여 자신을 가지고 할 수 있도록 한다.

호흡이 없고 맥박도 안 뛰고 심장이 정지되면 어떤 인공호흡을 하
여도 혈액이 순환되지 않기 때문에 처치도 효과를 얻지 못한다.

이와 같은 때는 곧바로 인공호흡을 병행해서 심장은 인공적으로
압박하는 심장마사지를 하여 혈액을 심장에서 밀어내어 혈액의 순환
을 도와주어야 한다. 이것을 심폐소생법이라 한다.

● 심장마사지(흉골 압박 마사지)

심장마사지를 하기 위하여는 심장의 위치를 올바로 알고 있을 필
요가 있다. 심장은 그림과 같이 대개 가슴의 중앙에서 정중앙선보다
약간 왼쪽 가까이에 위치하고 있다.

심장 위치와 압박 부위

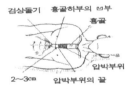

심장마사지는 환자를 바닥 면이 단단하고 평평한 곳에 눕혀 놓고, 가슴의 중앙에서 왼쪽 가슴뼈 아랫부분을 척추의 방향 쪽으로 곧바로 압박하고, 천천히 동작을 반복한다. 이 동작은 어른일 경우 대체로 1초에 1회의 리듬으로 반복한다. 어린이의 경우는 이것보다 빠르게 한다.

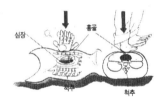

압박한 경우

천천히 한 경우

손의 위치와 압박 방법

수직으로 압박한다   압박한 힘을 천천히 한다

누르는 힘은 어른의 가슴이 3~5cm 가라앉는 정도로 압박한다. 어린이는 한쪽
손의 힘으로 2~3cm 가라앉는 정도로 압박한다.

● 2인이 하는 경우

심폐소생법은 2인이 협력하여 1인
은 인공호흡을, 1인은 심장마사지를
하는 것이 좋은 방법이다. 최초로 4회
인공호흡을 한다. 인공호흡과 심장마
사지의 횟수는 1:5의 비율로 한다. 이
때 심장마사지를 하는 사람은 인공호흡에 의한 가슴의 부푼 정도를,
인공호흡을 하는 사람은 심장마사지의 효과를 경동맥에 느끼게 되는
것으로 확인한다.

2인이 할 때

심장맛사지 (맥박을 본다)	(압박) 1234512345123451234512345 1234					⋯⋯⋯▶ (초)
인공호흡	불 불 불 불 어 어 어 어 넣 넣 넣 넣 기 기 기 기	불 어 넣 기	불 어 넣 기	불 어 넣 기	불 어 넣 기	불 어 넣 기

● 1인이 하는 경우

남의 도움 없이 1인이 할 때
는 최초로 인공호흡을 4회 계
속해서 한다. 그 후에 심장마사
지를 15회, 인공호흡을 2회의
비율로 계속한다. 또한 인공호
흡과 심장마사지의 리듬은 2인이 하는 방법에서 할 때보다 빠른 리
듬으로 한다.

1인이 할때

심장맛사지 (맥박을 본다)	(압박) 1 2 3 4 5 6 7 8 9 10 11 12 13 14 15	1 2 3 4 5 6 7 .... ▶ (초)
인공호흡	불 불 불 불 어 어 어 어 넣 넣 넣 넣 기 기 기 기	불 불 어 어 넣 넣 기 기

5) 지혈법

● 압박 지혈

상처에 의한 출혈의 대부분은 상처 난 곳을 두껍게 접은 포(헝겊,
수건, 붕대 등)로 상처 난 곳을 눌러서 압박하면 지혈할 수 있다. 상처
에 대는 포는 가능한 한 청결한 것을 사용하여야 한다.

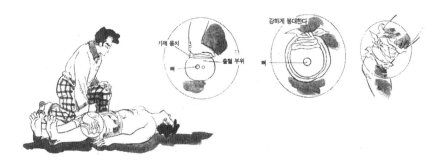

두껍게 접은 가제가 깨끗한 포를 닿게 하여 손으로 몇분간 압박한다.

한번 붕대를 하여도 출혈이 멈추지 않으면 그 위에 포를 대고 다시 한번 붕대를 한다.

붕대는 강하게 감는다. 구급용 붕대나 삼각건을 가지고 있으면 편립하다. 아무것도 없는 경우는 thstnrs과 보자기 등을 이용한다.

● 지압 지혈

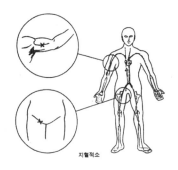

지압 지혈은 압박 지혈의 준비가 될 때까지의 사이에 일시적으로 행하는 것이다. 이것은 그 출혈하고 있는 곳에서 심장에 가까운 동맥을 엄지손가락 등으로 그림과 같이 뼈를 향하여 누르고 피가 흐르는 것을 일시 정지시키는 방법이다.

6) 척추(척수) 손상이 의심스러운 상황일 때

(1) 목의 타박

① 가벼운 부기든, 많이 부은 경우든 경수, 즉 목 부분과 목의 혈관이 손상된 가능성이 있으므로 서둘러 병원으로 옮긴다(운반 시 주의).

② 목에 상처가 있고, 출혈이 있는 경우에는 가볍게 압박 지혈과 소독을 한 다음 병원으로 옮긴다(운반 시 주의). 특히 다량으로 출혈한다거나 거품이 나오고 있는 경우에는 상처를 멸균거즈로 압박하고, 구급차를 부른다.

③ 손발이 움직이지 않는 경우에는 억지로 움직이게 하지 말고, 구급차를 부른다.

④ 호흡이 정지되거나 약한 경우에는 재빨리 구급차를 부르고, 인공호흡을 실시한다. 단, 목의 뼈와 신경을 다치고 있기 때문에 인공호흡은 천천히 신중하게 실시해야 한다.

(2) 등의 타박

① 추락 사고에서 등을 심하게 다치고, 강한 통증이 있는 경우 골절이 의심되니 조치와 운반 시 대단히 조심한다.

② 손발의 움직임이 없는 경우에는 중증이므로, 구급차가 올 때까지 상황이 허락하면 쓰러져 있는 상태 그대로 두고 안정을 시킨다.

③ 쇼크 상태가 있는 경우 모포 등으로 보온 조치한다.

(3) 허리의 타박

① 허리를 강타 당했을 경우에는 꼬리뼈와 골반의 골절이 의심되니 구급차가 올 때까지 상황이 허락하면 처한 상태 그대로 두고 안정을 시킨다.

② 반듯이 눕히고, 발은 30cm 정도 편안히 높게 한다.

③ 허리의 둘레에 목욕 타월 등을 이용하여 고정시키고, 쇼크 증상이 있으면 보온 조치한다.

7) 골절이 의심스러운 상황일 때

(1) 단순 골절

외부의 상처나 다른 조직 손상은 없고, 뼈만 골절된 상태이다.

(2) 복합 골절

피부 근육 혈관과 신경 등의 손상을 겸하는 골절 상태로, 골편이 직접 압박을 받아 외부로 돌출되는 경우가 많다. 출혈이 심하고, 충격에 잘 빠지고, 세균에 감염되기 쉽고, 운반 시 부주의하면 평생 동안 장애를 갖기가 쉬우므로 주의를 요한다.

(3) 증상

① 뼈 부러지는 소리를 들었거나 느꼈을 때

② 골절 부위에 동통을 느낄 때

③ 인접 관절의 완전 또는 부분 형태의 이상이 있을 때

④ 기형 또는 부자연한 자세를 느낄 때

⑤ 종창과 피부 변색 피하 출혈이 있을 때

⑥ 골절 부위의 이상 운동을 느낄 때

⑦ 골편의 노출이 있을 때

(4) 응급 처치 요령

① 골절이 의심스러울 때 골절의 유무를 확인하기 위해 손상 부위를 눌러보거나 꺾어서는 안 되며 골절의 의심이 있으면 부목을 하고 이송 시 매우 조심한다.

② 손상 부위를 조심스럽게 다루고, 가능한 옮기기 전에 부목을 대어주며, 부목을 대기 전에 옮길 때는 한 손으로 골절 부위 위쪽을, 한 손으로는 아래쪽을 받쳐 최대한 보호하며 손상 부위에 움직임이 최대한 없게 하면서 옮긴다.

③ 부러진 뼈를 맞추려 하지 말고, 골절된 부위가 움직이지 않게 한다.

④ 복합 골절로 출혈이 있으면 직접 압박하거나 지혈대를 사용하며, 상처에는 살균과 드레싱을 해 주되 부목을 댄다.

⑤ 적어도 30분에 한 번씩 부목 부위를 살펴보고, 혈액 순환 장애나 통증이 있으면 부목을 교정시켜 붕대를 약간 늦추어 준다.

⑥ 일반적으로 골절 환자는 부목 사용 전에 의사에게 운반할 필요는 없다.

⑦ 골편의 노출이 있을 때

(5) 부목 사용법

부목 사용에 따른 합병증 예방 효과

— 골절된 뼈끝으로 인한 근육, 신경, 혈관의 손상 예방

— 골절된 뼈끝으로 인한 피부의 열창 예방

— 골절된 뼈끝의 혈관 압박으로 인한 혈류의 장애 예방

— 신경 손상으로 인한 감각이나 기능의 제한 예방

— 골절된 뼈끝의 움직임으로 인한 동통의 증가 예방

(6) 환자의 운반 방법

① 위험이 없으면 그 자리에서 치료하는 것이 원칙이다.

② 운반하는 것만을 생각지 말고, 그에 앞서, 처치를 해야 한다.

③ 환자를 운반할 경우에는 도와줄 사람이나 주위 물건을 이용하여 신중히 한다.

● 당장 환자를 옮길 필요가 있는 경우

혼잡한 길, 차량 통행로 등 그 장소에서는 위험하다거나 처치할 수 없는 경우에는 처치할 수 있는 장소까지 안전하게 환자를 이동시켜야 한다.

● 옮기지 않는 편이 바람직한 경우

그 장소에 특별한 위험이 없고, 타박에 의한 머리의 내출혈, 목과 허리 등 척추 골절이 의심되는 경우에는 함부로 움직이게 해서는 안 된다. 뇌졸중인 경우 의식이 없다고 뺨을 때리거나 몸을 흔들면 안 되며 절대 움직이지 않게 하는 것이 원칙이지만, 화장실이나 목욕탕에서 쓰러졌을 경우에는 가까운 곳으로 조심해서 이동시킨다.

3. 뇌졸중(C. V. A. 또는 STROKE)

1) 정의

뇌졸중은 뇌혈관 장애로 인한 질환과 사고의 총칭으로, 보통 뇌혈관에 순환장애가 일어나 갑자기 의식장애와 함께 신체의 반신에 마비를 일으키는 급격한 뇌혈관 질환을 말한다.

2) 원인

뇌혈관이 막혀서 생기는 경우와 터져서 생기는 두 가지로 볼 수 있다.

뇌졸중의 원인별 분류

- **뇌출혈**(뇌일혈)
- **뇌실질 내 출혈**(주원인: 고혈압)
- **지주막하 출혈**(주원인: 동맥류파열)

- **뇌경색**(뇌경화증)
- **뇌혈전증**(주원인: 뇌동맥)
- **뇌전색증**(주원인: 승모판협착증이나 부정맥 등의 심장병)

● 기타
- 고혈압 뇌증(뇌의 혈압이 갑자기 높아져 생기는 병)
- 일과성 뇌허혈발작증(소위 T.L.A)

3) 증상

(1) 뇌실질 내 출혈

평소 혈압이 높은 사람에게 잘 돌발하며, 대개 낮 동안에 갑자기 발생한다. 출혈이 발생하면 대개 갑자기 쓰러지며 첫 마디가 "어지럽다", "머리가 아프다"고 하는 예가 많고, 구토와 동시에 반신마비가 있거나 호흡소리를 요란하게 내거나 거칠어지고 평소보다 빠르게 숨을 쉬는 경우가 있다.

뇌 안에서 혈관이 터지는 경우이므로 24시간 안에 의식을 회복하지 못하면 위험하다.

(2) 지주막하출혈

연령이 젊은 층에서 많이 볼 수 있는데 의식장애를 초래하는 경우는 드물고, 마치 도끼로 머리를 패는 듯한 심한 두통이 머리 한 부분에서 시작되면서 머리가 터질 듯이 아프고 동시에 구토를 하는 경우가 많다.

(3) 뇌혈전증

동맥 혈액의 공급이 끊겨 뇌 조직이 마비되어 일어나는 병이다. 밤에 자다가 발생하는 경우가 많고, 마비도 서서히 나타나 번져 나간다. 주로 수분을 많이 잃어 탈수 상태가 되었을 때 일어난다. 40~60대에서 많이 나타난다.

(4) 뇌전색증

갑자기 발병하며 증상도 뇌출혈과 비슷하다. 심장병 환자와 폐, 기관지 질환 등을 앓던 환자에게서 잘 일어난다. 어린이도 예외가 아니다.

(5) 고혈압성 뇌증

뇌의 혈압이 갑자기 높아져서 생기는 병으로 심한 두통이나 오심, 흔들리는 시야, 졸음과 의식 혼탁 등이 진행되면서 혼미상태나 혼수에 빠지게 된다.

(6) 일과성 뇌허혈 발작증

일시적인 뇌 순환 부전증이면서 뇌경색의 전구 증상인 것이다. 잠시 눈이 침침하고 잘 안 보이다가 좋아진다든가, 몇 분 동안 말을 못 하다가 풀린다든지, 한쪽 수족에 갑자기 약간 힘이 빠지거나 우둔해져서 일상의 하던 일을 잘 못 하게 되었다가 몇 시간 내로 회복하는 경우이다.

4) 발병 후 조치와 알아야 할 사항

① 뇌졸중이 온 부위에 뇌세포들은 짧은 시간 내에 비가역성 파괴가 초래되기 때문에 치료 효과를 크게 하기 위해선 환자를 안

정시키고 신속하게 조치해야 할 사항들을 환자 주변 사람들이 관심을 가지고 숙지하고 있으면 치료 기간을 단축할 수 있다.

② 급성기가 지나면 여러 가지 재활치료가 환자의 기능 회복에 큰 도움을 준다는 사실을 상기하여 환자 보호자는 꾸준한 노력을 기울여야 한다.

③ 뇌졸중 발병 후 완전히 회복되거나 신경학적인 장애가 있음에도 개인의 독자적인 활동을 영위하고 있는 환자나 보호자는 재발되는 것을 최대한 방지하기 위해서 재활의학과 의사와 신경과 의사로부터 충분한 교육과 정기적인 진료를 받아야 한다.

④ 뇌졸중의 경우 갑자기 발병하는 경우도 있지만 대부분은 몇 달 전, 며칠 전 혹은 24시간 전에 3. 증상과 같은 전조현상이 있으므로 곧바로 전문의의 상담과 진찰을 받는 것이 중요하다.

5) 예방

① 뇌혈전증을 촉진시키는 기름기(버터), 술, 담배, 비만, 운동 부족, 스트레스 등과 피임 호르몬제, 당뇨병, 심장병 등도 나쁘게 작용함을 알아야 한다.

② 주로 혈압이 높은 고령자는 일상생활에서 무리하거나 과로와 심한 충격, 스트레스를 피한다.

③ 변비가 심한 사람에게 힘주어 변을 보는 일, 무거운 짐을 드는 일, 격렬한 성교 등 갑자기 혈압이나 복압을 올리는 경우 뇌졸중이 잘 생기므로 주의해야 한다.

④ 잠시 눈이 침침하고 잘 안 보이다가 좋아진다든가, 몇 분 동안

말을 못 하다가 풀린다든가, 한쪽 수족에 힘이 빠졌다가 회복되는 등의 증상을 보이는 경우 일상생활에 주의하고 뇌졸중이 올 위험 징조이므로 신경과 전문 의사의 빠른 치료를 받아야 한다.

⑤ 발병 하루나 이틀 전 두통과 어지럼증과 시야가 흐려지는 경우에는 지주막하 출혈을 의심할 수 있어 전문의 상담과 빠른 조치가 필요하다.

⑥ 아스피린은 항 혈소판 제제로 뇌졸중 발병률을 감소시킨다.

⑦ 고혈압의 경우 평소에 염분의 섭취량을 최소(1일 5g 이하)로 하고 꾸준한 약물을 복용하여 혈압 조절을 해야 한다.

⑧ 당뇨병 환자는 당분 제한이나 총열량 제한 등 적절한 식사요법을 실천해야 한다.

⑨ 여자의 경우 피임약을 복용하면 복용하지 않는 사람에 비해 9배의 뇌졸중 발생 위험률이 있으므로, 가능한 피임약 사용은 피하고 다른 피임법을 이용하는 것도 하나의 방법이다.

⑩ 흡연과 음주로 뇌혈관이 좁아지거나 심장박동 리듬의 부조화 등이 뇌졸중을 유발하는 요인임을 알고, 자의든 타의든 금주, 금연을 해야 한다.

⑪ 4계절 중 추운 계절인 겨울, 11월~3월에 뇌졸중이 주로 유발되기 때문에 기온의 차가 갑자기 생기지 않게 하고, 뇌졸중의 위험 인자가 있는 사람은 추운 계절 활동 시 주의를 요한다.

⑫ 심한 운동과 노년층에서는 사우나 열탕이 뇌졸중을 유발시키는 요인이므로 주의해야 하며 탈수 방지를 위하여 목욕 전후로 충분한 수분을 섭취하여야 탈수로 인한 뇌졸중 발병을 줄일

수 있다.

⑬ 위에서 언급한 사항에 유의하고 증세가 나타나면 전문의와 상담을 통해 조기 진단과 치료를 받아야 한다.

6) 식사 요법

뇌졸중의 위험을 피하기 위해 다음 사항을 항상 고려해야 한다.

① 비계가 많은 고기, 소시지, 동물의 내장 등을 피하고, 조개, 게, 새우 등을 섭취하고, 지방을 30% 이상 함유한 버터나 크림, 치즈 등의 지방 유제품도 되도록 먹지 않는다.

② 음식을 조리할 때 동물성보다 식물성 불포화 지방산이 더 풍부한 기름을 사용하며, 식단에서 마요네즈나 코코넛 기름은 빼도록 한다.

③ 탄수화물(특히 설탕)은 당뇨병 악화 요인이 될 뿐 아니라 혈중 탄수화물은 지방으로 전환되므로 잼, 초콜릿, 케이크, 사탕, 아이스크림 등의 음식물은 피한다.

④ 섬유소가 많은 야채류의 음식 섭취를 많이 함으로써 장내 당분의 흡수를 저하시키고, 혈중지질을 감소시켜야 한다.

⑤ 지나친 염분의 섭취를 제한하거나 줄이는 것이 매우 중요하다.

7) 응급 처치 요령

(1) 뇌졸중으로 쓰러졌을 때

① 절대 안정: 시간, 장소에 상관없이 발병할 수 있는데, 우선 환

자를 편한 곳에 눕히고, 몸에 조이는 것을 풀어 주어 숨을 잘 쉴 수 있게 하며, 의식이 좋지 않을 때 흔들거나 뺨을 때려서 정신을 차리게 하는 행동은 절대 하지 말고, 소란하게 하거나 충격적인 언행으로 환자를 불안하게 하는 것은 삼가야 한다.

② 기도 확보: 숨 쉬는 기도를 확보하는 것이 중요한 응급 처치이다. 평평하고 부드러운 곳에 눕히고 낮은 베개나 얇은 방석을 한번 접은 정도의 것을 어깨 밑에 깊숙이 넣어서 아래턱을 위로 올려 호흡이 쉽게 해야 하며, 토해 내는 토사물로 질식하지 않도록 머리를 옆으로 돌려 눕혀야 한다. 경련과 같은 발작을 일으킬 때는 혀를 물지 않도록 손수건 등을 말아서 윗니와 아랫니 사이에 물려 두는 것이 좋다.

③ 아무것도 먹이지 말 것: 뇌졸중으로 쓰러졌을 때 입으로 먹어야 할 특효약이란 있을 수 없다. 먹인다는 것은 대단히 위험하여 기도를 막아 질식시킬 수도 있다.

④ 마비가 오지 않은 건강한 쪽을 밑으로 해서 눕힌다. 마비된 쪽을 몸의 밑으로 하면 토사물이 쉽게 기관지에 들어가므로 조심해야 한다.

⑤ 체위를 자주 변경해 주어 취하성 폐렴을 예방하고, 적어도 두 시간 내에 자세를 바꾸어 욕창 발생을 없게 한다.

⑥ 의치를 제거하고, 입속은 자주 청결하게 해 주어야 한다. 입속은 하루에 3~4회 탈지면에 붕산수 또는 소다수를 축여서 닦는 것도 중요하다.

⑦ 배변과 배뇨: 소변과 대변을 못 가리는 일이 많아 신생아를 다루는 요령으로 치워주며, 따뜻한 물로 청결하게 씻고 '탈크

파우더'를 뿌려 주는 것이 좋다.

(2) 뇌졸중 발작이 일어났다면

① 의복을 느슨하게 풀고, 조용히 편안하게 눕힌다.

② 환자의 용태를 침착하게 관찰한다(관찰의 핵심).

- **의식이 확실히 있는가?**

— 불렀을 때 대답을 하거나 소리 나는 곳을 쳐다보는가?

- **약간의 의식이 있는 경우**

— 손과 발이 움직이는가?

— 머리가 아프다고 하는가?

— 혀가 굳어져 있는가?

— 토하려고 하는가?

③ 호흡 상태는 어떠한가?

— 보통인가?

— 빠른가?

— 불규칙적인가?

※ 위 관찰된 상황을 구두와 메모로 의사에게 정확하게 전달함으로서
치료에 많은 도움이 된다.

8) 구급차와 의사에게 연락

담당 의사와의 연락이 불가능하면 즉시 구급차에 연락한다.

(1) 구급차의 호출과 의뢰 방법

① 국번 없이 119

② 주소, 구급차에 찾아오는 코스를 상세하게 설명

③ 환자의 성명, 나이와 성별

④ 넘어졌을 때의 상황 설명

⑤ 의식, 호흡, 마비 상태를 설명

⑥ 구급차가 도착할 때까지 어떤 조치를 취할 것인지 지시받는다.

(2) 구급차가 도착할 때까지(환자의 의식이 없을 경우)

① 환자를 옮길 때는 이부자리나 매트 위에 실어 옮기는 것이 좋다.

— 머리를 움직이지 않도록 하고, 목은 앞으로 구부리지 않도록 주의한다.

— 사람들이 없을 때는 그대로 두어 움직이지 않고, 구급차가 오기를 기다려도 좋다.

② 반듯하게 눕히거나 마비된 쪽을 위로 한다.

③ 코를 골거나 목구멍에서 쌕쌕 가래가 끓는 소리가 날 때는 타월 등을 둘둘 말아서 어깨 밑에 놓아 주고, 턱을 위로 약간 젖혀주면 좋다.

④ 구토가 있을 때는 얼굴을 옆 방향으로 하여 토사물이 기관에 들어가지 않도록 한다.

⑤ 이를 악물든가 경련, 발작이 있을 때 위, 아랫니(齒) 사이에 수건 등을 말아 물린다. 입을 다물고 있을 때는 억지로 벌리지 않는다.

⑥ 소변을 못 참고 지렸을 때 무리하게 옷을 갈아입히지 말고, 지시를 기다린다.

(3) 의사가 도착할 때까지(환자의 의식이 있는 경우)
① 억지로 걸려서 이동시키지 않고 침구 등을 이용한다.
② 흥분 상태일 때는 진정시키며 안정을 취하게 한다.
— 배변이나 배뇨도 소형 변기나 기저귀를 사용하여 몸을 움직이지 않도록 한다.
— 몸부림칠 때는 가볍게 누르거나 팔다리를 부드러운 끈 등으로 침대에 고정시킨다.
— 음식물은 의사가 오기까지 주지 말고, 입술이 마르면 입술을 물로 적실 정도로 한다.

(4) 의식이 있거나 없거나 주의해야 할 사항
① 실내온도는 20도 정도며 어둡지 않은 편이 좋다.
② 햇볕이 직접 비추지 않도록 눕힌다.
③ 틀이나 안경을 떼어 놓는다.
④ 이불은 가벼운 타월이나 홑이불이 좋다.
⑤ 방안이 덥거나 춥지 않다면 의사나 구급차가 오기까지 냉난방은 불필요하다.
⑥ 실내 환기에 주의한다.

(5) 기다리는 동안 메모할 사항

- **● 환자의 상태에 대해**
- — 의식을 잃은 것이 먼저인가, 손발의 마비가 먼저인가?
- — 경련이 있었다면 몸의 어느 부분부터 시작했는가?
- — 두통이 있다면 특히 어느 부위에서 아프다고 하는가?
- **● 가족에게 연락을 취한다.**
- — 이전에 비슷한 발작을 일으킨 적은 있었는가?
- — 과거에 머리에 외상을 받은 일은 있었는가?
- — 고혈압, 당뇨병, 심장병과 같은 병에 걸린 적이 있는가?
- — 사용하고 있는 약은 있는가?
- — 주치의는 있는가? 있다면 연락처는? 등을 기록하여 두면 도움이 된다.

※ 위 상황에 관한 메모로 의사의 치료는 물론 귀중한 시간을 단축하여 수술 경과와 수술 후 많은 장애를 최소화할 수도 있다.

- **● 주의 사항: 어린이나 젊은이에게도 발생되는 뇌졸중**
- — 머리 혈관의 이상으로 일시적으로 나타나는 손발의 마비 등. 어린아이이기 때문에 부모에게 호소하지 않거나, 나타나는 증상이 일시적이며 곧 사라지기 때문에 부모가 깨닫지 못하는 경우와 이상을 호소하여도 꾀병으로 방치하는 일마저 있다.
- — 유아등이 연필이나 작은 장난감 화살, 아이스크림이나 푸딩의 막대기, 젓가락 등을 물고 놀다가 넘어지거나, 성인이 막대기

모양의 것을 입에 문 채 쓰러지면 목구멍의 비교적 표면 근처를 달리는 내경동맥을 강하게 압박받아, 그 뒤 혈관이 막혀 그 반대의 손과 발에 마비가 생긴다.

9) 생활재활에 필요한 사항

(1) 운동 요법

재활의학과 전문의와 상의하는 것이 가장 좋다

① 1단계: 수동적 관절 운동을 하여 관절이 굳는 것을 방지하고, 어깨, 무릎, 발목 등에 경직이 올 수 있으므로 가능한 빨리 시행하는 것이 좋다.

② 2단계: 간단한 일상생활과 운동을 스스로 하게 한다.

③ 3단계: 따뜻한 물속에서 하는 운동은 경직된 근육을 이완시키는 효과와 부력으로 운동을 수월하게 한다.

④ 4단계: 실내에서 보행 운동을 보호자에 의지하거나, 고안된 신발을 신고, 안정된 상태에서 운동할 수 있도록 한다.

⑤ 5단계: 좀 더 복합적인 움직임을 연습시키는데 자신감을 주도록 한다.

※ 재활에 관한 책으로는 연세대 재활병원 전세일 교수의 『뇌졸증 재활치료』가 있다.

● **주의사항**

— 치료와 재활을 목적으로 하는 물리 치료는 전문 기관이나 전문

의에 의한 충분한 교육을 받은 후, 하는 것이 좋다.

— 마비로 인한 관절의 굳음과 경직이 올 수 있기 때문에 뼈와 관절에 무리를 가하면 마모되거나 부러질 수도 있으므로 주의 하여야 한다.

(2) 환자 자신의 운동 범위와 방법

① 능동적 운동 연습을 시킬 수 있는데 대개의 경우 주먹을 쥔다 든지 사지를 폈다가 구부렸다 하는 정도 이상은 삼가는 것이 좋다.

② 이때 건강한 팔다리와 마비된 팔다리를 함께 움직이도록 하면 나중에 건강한 부분을 움직일 때 마비된 팔다리도 어느 정도 따라 움직이게 되어 회복을 다소 촉진시킬 수 있다.

(3) 생활에 필요한 장비와 기구

배변, 배뇨의 처리를 쉽게 할 수 있는 소형 변기나 바퀴 달린 의자 식 이동 변기는 배변뿐만 아니라 목욕을 돕고 집안을 쉽게 이동할 수 있게 한다.

10) 근 강직과 재활

뇌졸중(중풍), 뇌손상 뇌성마비 등에서 나타나는 신체 일부 근육 이 뒤틀리거나 마비되는 근육 긴장으로 일상생활을 스스로 하기에 불편함을 갖게 된다.

이러한 불편함을 줄이거나 없애기 위하여 재활치료를 진행함에 있어 연축이나 강직으로 재활치료가 불가능하게 되었을 때 보툴리눔 주사를 환부에 주사하여 강직을 이완시켜 주어 재활치료를 반복하여 치료해 줌으로서 보다 높은 재활 효과와 근육이 굳는 것을 막을 수 있다.

● 전문 상담
3차 병원의 재활의학과에 문의

● 참고
뇌졸중, 생활 습관 개선으로 충분히 예방 가능

폐경기 이후의 여성은 특히 뇌졸중 위험에 많이 노출된다고 들었는데, 어떤 이유 때문인가?

폐경기까지는 여성의 뇌졸중 발병 확률이 남성에 비해 낮지만, 폐경이 되면 높아진다. 폐경이 되면 여성호르몬이 급격하게 떨어지면서 혈관 벽이 약해지는데, 이때부터 뇌졸중 위험률이 급격하게 높아진다. 뇌졸중은 응혈로 인해 뇌로 전달되는 혈액의 흐름이 차단되고, 혈관이 파열되거나 새기 쉬워져 뇌 내부에 압력이 발생할 경우에 생기는 병이다.

뇌졸중의 전조 증상은 어떤 것들이 있나?

대부분의 사람은 뇌졸중 전조 증상에 대해 잘 모르고 있다. 뇌졸중 전조 증상은 혈전이 일시적으로 뇌혈관을 막아 생기는 질환으로,

뇌졸중이 발생하기 직전에 나타나는 증상이다. 갑자기 발음이 어눌해지거나, 한쪽 눈이 갑자기 잘 안 보이거나, 심한 두통과 함께 물체가 두 개로 보이기도 한다. 한쪽 팔다리의 힘이 빠지거나 한쪽 얼굴이 갑자기 저리거나 먹먹하다면 뇌졸중을 의심해 볼 수 있다. 이런 증상은 길게는 1시간 정도 이어지기도 하지만 보통 4~5분 정도 일시적으로 일어났다가 회복되기 때문에 대수롭지 않게 여기는 경우가 많다. 그러나 이런 증상이 자주 반복되면 '괜찮아지겠지'라는 생각을 버리고, 즉시 병원을 찾아 응급 처치를 받는 것이 바람직하다.

뇌졸중은 얼마나 빨리 병원을 찾느냐가 중요하다고 들었다. 구급차가 오기 전까지 주변 사람들이 할 수 있는 응급 처치법이 있나?

뇌졸중이라고 판단될 때 가정에서 할 수 있는 응급 처치는 절대 없다. 뇌졸중은 진행 시간을 얼마나 단축하는가에 따라 위급한 상황이 되기도 하고, 잘 넘길 수도 있다. 요즘은 발병 후 3~6시간 안에 병원에 도착하면 치료할 수 있다. 뇌혈관이 막히더라도 신경세포가 완전히 손상된 부위의 주변 조직은 발병 6~8시간 이내에 다시 혈류가 증가하면 회복될 수 있다. 따라서 되도록 빨리 병원으로 데려가는 것이 중요하다.

뇌졸중을 예방하기 위해서는?

뇌졸중은 갑자기 발생하지만, 느닷없이 생기는 병은 아니다. 수년에 걸쳐 뇌혈관에 문제가 쌓이고 쌓여 더 이상 견딜 수 없을 정도가 되면 그때 혈관이 터지거나 막혀 비로소 증상이 발생한다. 따라서 평소의 생활 습관을 되돌아보고, 위험 인자라고 판단되는 것들을 제거하면 충분히 예방할 수 있다. 고령, 고혈압, 당뇨병, 심장 질환, 흡연, 과음 등이 중요한 위험 인자들이며 이외에도 고지혈증, 비만, 운동 부족 등이 있다. 이 중 고혈압은 혈관이 막히거나 터지는 뇌졸중의 가장 중요한 위험 인자로 혈압을 조절하면 그 위험은 크게 감소한다. 동맥경화증을 예방하기 위해서는 콜레스테롤이 높은 음식을 피하고 규칙적인 운동을 해야 한다. 흡연하는 경우 무조건 금연해야 한다. 당뇨병과 심장 질환도 뇌졸중의 중요한 위험 인자이다. 따라서 정기적 검진으로 뇌졸중의 위험 인자를 찾아서 가능한 한 빨리 이를 조절하면 뇌졸중을 예방할 수 있다.

뇌졸중 예방법으로 아스피린 요법을 권고하고 있는데, 저 용량 아스피린 복용이 뇌졸중 예방에 어떤 역할을 하나?

아스피린은 혈액의 구성 물질 가운데 하나인 혈소판들이 서로 엉겨 붙어서 혈액이 응고되는 것을 차단한다. 이런 효과 때문에 저 용량 아스피린은 심장마비와 뇌졸중의 발병 위험을 줄일 수 있다. 하지만 모든 사람에게 적용되는 것은 아니기 때문이기도 하지만 요즘은 아스피린 역할보다 더 좋은 약물들이 있어 의사와 상의 후 처방을 받아 적절하게 복용하는 것이 좋다.

※ 여성이 남성보다 더 위험한 이유?
통계청이 발표한 자료에 따르면 2005년(통계청 자료 문의) 한국인의

사망 원인 중 뇌졸중으로 사망한 사람의 수는 여성 1만 6,348명, 남성 1만 4,949명으로 조사됐다. 사망 원인으로서 뇌졸중은 여성에게 더 치명적인 것이다.

왜 여자는 남자보다 뇌졸중 치사율이 높을까? 여자는 뇌졸중 유형 중 뇌경색보다 뇌출혈이 상대적으로 많으며, 일반적으로 뇌출혈이 뇌경색보다 사망률이 더 높기 때문에 여성 사망률에 영향을 미친 것이다. 여자가 남자에 비해 약 5년 정도 늦게 뇌졸중이 발생하는 것도 여성 사망률이 높은 이유 중 하나다. 한국보건사회연구원에서 발표한 서울지역 뇌졸중 환자 발생률을 보면 인구 1,000명당 남자 1.8명, 여자 1.2명으로 전체 환자는 남자가 더 많다. 그러나 뇌졸중으로 입원한 환자의 평균 나이를 보면 남성은 59~60세, 여성은 64~65세로 약 5년의 차이를 보인다. 일반적으로 고령에 질병이 발생하면 예후는 좋지 않을 수밖에 없기 때문에 발병 후 사망률이 높아지는 것이다. 특히 폐경 여성은 에스트로겐 호르몬 분비가 갑자기 감소하면서 심장병은 물론 뇌졸중 발생 위험도 갑자기 높아진다. 에스트로겐은 혈관 확장을 돕고, 몸에 좋은 혈중 고밀도 지방단백(HDL)을 높이고 저밀도 지방단백(LDL)은 낮춰 동맥경화를 예방하기 때문이다.

4. 척수장애

1) 정의

산업재해, 교통사고 등 외상과 척수종양, 척수염, 선천성 기형 등 질병에 의해 척수가 그 기능을 상실할 경우 장애가 나타나며 어느 부위에서 손상되었느냐에 따라 사지, 하지마비 등으로 나타난다.

척수(등뼈)는 경수(척수의 맨 윗부분), 흉수(경수와 요수 사이의 척수 가운데 부분), 요수(흉수와 천수 사이의 척수), 천수(꼬리뼈)의 네 가지로 구분된다.

2) 원인

경수의 손상으로 사지마비의 장애를 갖게 되며, 흉수 이하의 손상은 상지는 침해되지 않고 하지가 마비된다.

3) 증상

척수의 손상으로 인한 운동의 장애뿐 아니라 내장의 기능이나 피부의 감각에도 장애가 일어난다. 따라서 관절 부위가 굳기 쉽고, 대·소변을 제어할 수 없는 경우가 많아 방광염, 신염 등을 일으키기 쉬우며 성기능 장애가 올 수 있으며 화상, 동상, 욕창 등에 노출되기 쉽다.

4) 응급 처치

(1) 척수손상으로 볼 수 있는 경우
① 손, 발의 움직임이 둔하거나 없든지 감각이 없다고 호소할 때
② 외관상 척수 부위가 부어올라 있거나 출혈이 있을 때

(2) 응급 처치 요령

① 심리적으로 안정시키고, 환자의 상태를 살피며 과도한 움직임
에 주의한다.

② 이동 시 운반에 주의한다.

(3) 치료와 상담

가까운 병원에서 응급 처치를 받고 대학병원, 종합병원, 정형외과
의원에서 수술이 필요한 경우가 있으며, 이때 재활의학과 전문의에
의한 치료와 조치가 가장 중요하다.

5) 기본 의학 상식

(1) 반사궁

신경 통로의 단절로 신경 신호가 뇌에 전달되지 못하고, 곧바로
회전하여 나가게 되므로 일부 근육들을 움직이게 한다.

(2) 욕창

골반뼈, 무릎뼈, 발목뼈, 꼬리뼈, 발뒤꿈치가 침상에 오래 닿지 않
게 주의

● **예방법**

① 압박받는 곳을 없애고, 2시간 간격으로 체위를 바꾼다.

② 압박받은 부위를 부드럽게 문질러(마사지) 준다.

③ 피부를 깨끗하고 건조하게 유지한다.

④ 피부 상태를 자주 관찰한다.

⑤ 긁히거나 상처받기 쉬운 행동에 유의한다.

⑥ 8시간 정도 엎드려 자는 것이 좋다.

⑦ 뜨거운 물질과 기구에 조심한다.

● 치료

① 상처에 압박을 피하고 통풍이 잘되게 한다.

② 전문 병원에 의한 치료가 있어야 한다.

(3) 화상

① 수포를 터트리지 말고, 그대로 둔다.

② 즉시 찬물에 담그거나 차가운 것을 20분 정도 그 부위에 댄다.

③ 물로 깨끗이 씻고, 화상 부위가 눌리지 않게 하고 의사에게 알린다.

④ 화상 부위에 약이나 연고를 바르지 말고, 소독된 마른 거즈로 덮는다.

6) 생활 의학 상식

(1) 대변에 관해서

● 장이 하는 일

위에서 소화되고 남은 음식의 찌꺼기는 장에서 마지막으로 처리되어 배설된다.

① 장의 운동으로 찌꺼기들을 밀어내며 물기를 빨아들여 신장으로 보낸다.

② 장을 통한 움직임으로 단단해지고 진해져서 직장을 통해 대변이 되어 몸 밖으로 나간다.

— 설사: 장에서 음식물 찌꺼기들을 밀어내며 물기를 빨아들이지 못해서 생기는 것

— 변비: 장에서 물기를 너무 많이 빨아들여 단단하게 된 것.

● 환자의 경우

다치기 전에 일상적으로 하던 배변 활동과 다르게 뇌로부터의 신경 신호를 받을 수 없다는 것을 알아야 한다.

① 반사 반응이 없으므로 좌약이나 손가락으로 직장을 자극해서 볼 수 있다.

② 환자의 시간표대로 대변을 봐야 하며 중력을 가하기 위해 좌변기가 좋다.

③ 규칙적인 배변, 운동, 수분, 음식에 주의하여야 한다.

● 배변 시 좌약 사용법

① 손가락 덮개나 장갑을 끼고 손가락에 윤활제를 발라, 직장 내에 있는 대변이 만져지면 부드럽게 밖으로 빼낸다.

② 될 수 있는 한 손가락을 깊이 넣어서 좌약이 2번째 괄약근을 지나 장내 벽에 붙게 한다.

③ 좌약이 대변 속에 묻히면 작용이 안 되며, 벽에 붙어 녹음으로서 작용을 일으키게 된다.

④ 만약 두 가지 종류의 좌약을 사용한다면 처음에 강력한 것을 넣는다.

⑤ 좌약을 넣은 후 당신의 배를 오른쪽에서 왼쪽으로 둥글게 15분 정도 문지른다. 좌약을 넣은 후 자신의 경험에 의해 작용 시간을 아는 것이 중요하다.

⑥ 좌약을 넣고 적절한 시간을 기다려도 나오지 않을 때 손가락에 윤활제를 바른 후 항문에 넣어 부드럽고 빠르게 손가락을 둥글게 돌리며 필요하면 반복한다.

● 변비의 실체와 방어

① 대변이 장에 오래 머물러 있어서 물기가 많이 흡수된 것을 뜻한다. 어떻게 할까요? - 수분을 충분히 섭취하여야 한다.

② 장이 천천히 움직여서 생기는 것이다. 어떻게 할까요? - 부지런히 움직이거나 운동을 하면 장과 대변도 따라 움직여 딱딱해지지 않게 된다.

③ 일정한 시간에 규칙적으로 변을 보지 않는다면 생길 수 있다. 어떻게 할까요? - 각자 맞는, 하루든 이틀이든 편한 시간표를 만들어 실천한다.

④ 대변을 본 뒤 만약 당신 손과 화장지에 피가 묻어 있다면 변비에 걸렸다고 할 수 있다. 어떻게 할까요? - 항문 속은 다치기 쉬우므로 손톱은 잘 깎아 청결히 한다.

⑤ 대변 보기 15분 전에는 어떻게 할까요? - 뜨거운 커피, 차, 야채 쥬스, 우유를 한 잔 마시는 것이 좋고, 좌변기에 앉아 중력을 가해 주면 도움이 된다.

● 음식물과 변비

① 하루 2,000cc 이상의 음료수(물, 쥬스, 과일즙 등)를 마시지 않으면 변비가 생길 수 있다(설탕이 많이 들어간 음료를 많이 마시지 않아야 한다).

② 하루 세끼, 식사를 바르게 하고, 푸른 잎이 많은 채소, 국물, 빵, 사과, 귤 등을 먹는다.

③ 변비를 일으키기 쉬운 초콜릿, 감자, 크림 등은 조금씩만 먹는다.

● 변비의 징후

① 각자 맞는 배변할 시간을 2번 놓쳤거나, 배에 단단한 느낌이나 오심, 구토 증상이 있을 때

② 식욕이 없고, 배고픈 느낌이 없어지거나 기운이 빠지고 신경질적이 되거나 옆구리나 배에 통증이 있을 때

③ 매우 딱딱한 대변을 적은 양을 보거나 딱딱한 대변을 조금 보고, 묽은 대변을 볼 수도 있다.

● 변비 후 조치

① 약한 완화제를 사용하도록 한다.

② 야채 쥬스, 우유를 세 컵 마신 후 15분 뒤 변기로 가서 손가락으로 대변을 빼낸다.

③ 좌약을 넣거나 손가락으로 항문을 자극한다(이런 것으로도 아무런 반응이 없으면 관장을 해야 한다).

④ 약국에서 일회용 관장에 필요한 것을 구매하고, 구입하지 못하면 미지근한 물 한 컵을 이용할 수 있다(이런 관장을 해도 안 나오

면 대변이 꽉 차 있는 경우로 볼 수 있다).

⑤ 따라서 기름 성분의 정제 관장이 필요할 때 약국에서 사거나
관장 통에 반 컵의 글리세린을 넣어서 한다.

⑥ 이렇게 해도 안 나오면 즉시 의사에게 연락한다.

※ 지나친 음주는 아무 때나 설사를 야기할 수도 있다.

● 관장에 사용되는 약

① 항문용 좌약(주입 후 15분~30분 후면 관장이 된다).

② 구강약(알약, 물약)은 대변을 부드럽게 하고, 체적을 증가시키고
약한 것에서부터 강한 것까지 완화제 효과가 있다. 복용하는
약이 무엇이고, 작용 시간은 보통 얼마나 걸리는지 아는 것이
중요하다.

③ 완화제: 장의 근육을 자극하여 배설하게 한다. 완화제는 습관
성이 될 수 있으므로 필요한 때만 사용해야 한다.

— 글리세린: 직장의 내막으로부터 수분을 흡수하여 대변을 부드
럽게 하며 장을 약간 자극하여 배변을 유도한다.

— 둘코락스: 이 약은 비교적 시간에 강한 반사 현상을 일으키기
위해 장의 말단부를 자극한다.

— 산화마그네슘 우유(제산 완화제): 장의 벽을 통해 수분을 끌어들
여 완화 작용을 한다.

— 미네랄 기름(완화 윤활제): 장을 쉽게 통과하도록 대변을 매끄럽
게 한다. 기계적으로 대변을 연화시켜 완화 작용을 증가시킨다.

(2) 신장·방광·소변에 관해서

● 신장이 하는 일

신장은 혈액을 여과시켜 우리에게 필요한 성분은 몸의 여러 기관으로 보내고, 불필요한 노폐물은 몸 밖으로 배출한다. 이렇게 배출되는 것이 소변인데 두 개의 관을 통하여 방광으로 보내진다.

● 방광이 하는 일

신장에서 요관을 통해 소변에 모여 차게 되면 그 신호를 뇌에 보내게 되고, 뇌는 방광이 소변을 밖으로 내보내도록 다시 신호를 보낸다. 그러나 척수를 다치게 되면 그 신호를 뇌로 전달할 수 없게 되어 문제가 생기는 것이다.

● 소변보는 방법

① 방광을 뚫는 방법: 환자 상태와 사정에 따라 결정되지만, 마지막 방법이라 할 수 있다. 외출 시 간편한 이유에서 시술되고 있으나 바람직하지는 못하며 전문의와 상담해서 결정해야 한다.
② 넬라톤에 의한 방법: 현재는 소변을 위해 일회용 카테터가 국가 지원으로 저렴하게 지원하고 있어 비뇨기과 처방으로 구입할 수 있다.
③ 반사를 이용한 방법: 방광 위를 두드리거나 누르는 등의 방법 등이 있었으나 일회용 넬락톤을 권한다. 과도한 압력으로 역류되어 신장에 무리를 줄 수 있어서다.
— 방광을 규칙적으로 비우는 것이 중요하다.

— 잔뇨가 많으면 방광에 염증이 생기기 쉽다.

— 방광이 과도하게 커지면 방광 근육의 손상이 생길 수 있다.

● 감염이 안 되게 하려면

① 배뇨 후 잔뇨량이 100cc 미만이 되도록 하여야 한다.

② 충분한 양의 수분을 마셔 신장과 방광의 작용을 높여 염증이 생기지 않도록 하여야 한다.

③ 오렌지 쥬스, 자몽, 우유는 너무 많이 마시지 말고, 의사 지시나 처방된 약을 잘 지키고 복용한다.

④ 소변 색이 맑고 밝은 노란색인지 확인하고, 6개월 간격으로 방광, 신장 검사를 받는다.

● 감염의 증상

① 오한과 열이 나거나 소변이 탁하거나 찌꺼기가 있을 때

② 소변에 피가 섞여 나오거나 색깔이 진하거나 나쁜 냄새가 날 때

③ 감염이 증상이 있으면 의사의 진찰을 받아야 한다.

● 방광 관리에 사용되는 약

요즘은 좋은 약이 많아 의사 처방이면 된다.

① 작용: 방광 용적을 증가시키고, 배뇨근의 비억제성 수축 빈도를 감소시킨다.

② 용도: 밤 동안 또는 삽관술 사이에 배뇨를 억제, 조절을 위한 비억제성 반사 신경성, 방광에 기인한 배뇨, 절박 요실금을 치

료한다.

③ 부작용: 입이 마르고 졸음, 땀 분비 억제, 변비, 흐릿한 시야, 배뇨 장애, 심계 항진, 안압 상승, 현기증, 오심, 구토, 부종, 발기 부진

● **자율신경 항진증에 대하여**

① 정의: 비정상적인 반사이다. 제6 흉수 이상의 척수를 다친 사람은 이것을 경험할 수 있으며, 이 반사는 혈관을 좁게 만들어서 심장이 혈액을 내보내는 것을 어렵게 한다.

② 원인: 방광이 지나치게 늘어나거나 장이 꽉 차 있을 때 나타날 수 있다. 방광이나 장 검사, 감염, 체온이 변하거나 아픈 자극을 주는 것도 반사를 일으킬 수 있다.

③ 증상: 다친 부위 위에 땀이 나거나 소름이 끼치면서 털이 솟아오르거나 코가 멍멍해지고 막힐 때 두통이 나아지지 않고 계속 심해지거나 얼굴과 목이 달아오를 때 맥이 느려지거나 혈압이 오르는 증상이다.

※ 이 반사가 일어났을 때 즉시 조절하지 않으면, 뇌졸중이 올 수도 있고 사망할 수도 있다.

④ 조치
— 과반사증이 나면 당신과 가족들은 어떻게 해야 하는지 잘 알아야 한다.
— 우선 자리에 앉힌다.

— 혈압계가 있다면 수분마다 혈압을 잰다.

— 소변 줄, 소변 주머니가 막히거나 꼬이지 않았나 본다.

— 소변 주머니 끝의 부식이나 소변이 꽉 차 있는지 확인한다.

— 소변 줄을 끼워 소변을 빼낸다.

— 만약 병원에 응급 처치를 받아야 할 경우 척수를 다친 사실을 의사에게 알려야 한다.

— 계속 소변 줄을 끼고 있는 환자는 삽입 시 요령과 반대로 하고 준비가 없을 시 줄을 꽉 잡고 자른 뒤 소변이 나온 후 새 소변 줄을 다시 낀다.

※ 만약 증상이 없어지지 않고 더 심해지면 즉시 응급실로 가야 한다.

● 척수 환자의 성의학

각종 검사로써 성 신경계에 이상을 보일 때는 대개 회복되지 않는 불가역적인 변화이므로 이때는 성 신경계에 대한 근본적인 치료 방법은 없지만, 다음과 같은 방법이 있다.

① 약물: 과거와 달리 현재는 혈관확장제 주사와 비아그라처럼 먹는 약들도 있어 불충분한 발기로 성생활이 불가능할 때 인위적인 발기를 유도하여 성생활이 가능할 수 있다. 단, 주사 사용은 각종 합병증이 생길 수도 있어 전문 의사의 지시하에 세심하게 배운 후 필요시 주사하여야 한다.

② 수술: 음경보형물 삽입술-반영구적 사용이 가능하며 배뇨 문제에도 도움을 주는 가장 좋은 치료법이 된다. 음경 해면 체내

에 실리콘의 제제의 보형물을 삽입하는 방법으로 성생활 문제 이외에도 콘돈 카테터를 사용하기에 편리하며 여러 가지 이점이 있다.

※ 보형물 종류에는 여러 가지가 있으나 척수손상 환자에게는 굴곡형의 보형물이 가장 안전하고 경제적이며 합병증이 적다.

③ 수정력
— 남성: 조사된 보고에 의하면 손상 부위와 형태는 전체 정자 수와 깊은 상관관계가 없는 것으로 나타났으나 정자 수가 적고 약하여 생존이 어려운 것으로 나타난다.
— 여성: 월경 주기, 수정력, 임신에는 지장이 없다. 그러나 출산이 빠르므로 입원을 해야 한다(성관계에는 지장이 없다).
④ 체위: 선택할 수 있는 체위는 배우자와 충분히 대화하여 새로운 방법을 익힐 수 있고, 어느 곳이 가장 민감한지 이야기할 필요가 있다. 성 생활시 만성적인 방광 감염의 위험이 있으므로 성교 전의 청결에 유의하고, 방광이 비워지면 반사적 발기를 쉽게 유도할 수 있다. 성교 전에 카테타는 제거할 수 있으며, 질이 너무 건조할 때는 젤리 등을 사용할 수 있다.

7) 재활 생활 상식

(1) 휠체어를 사용할 때
① 30분 간격으로 60초 정도 엉덩이를 띄운다.

② 심하게 다쳐, 스스로 못할 경우 다른 사람의 도움이 필요하다. 상체를 상대에 기대어 엉덩이를 차례차례 압력을 해소하므로 원활한 혈액순환으로 욕창 예방도 된다.

③ 바른 자세로 앉거나 누워서 피부의 당김, 눌림을 방지한다.

④ 휠체어 운행 중 펑크, 고장 등의 비상시를 염두에 두고 대비할 수 있도록 한다.

(2) 보호 장구의 선택

● 휠체어

수동식: 각자 몸의 상태에 따라 구입하고, 외출 시 펑크에 대비하여 어떻게 대처할 것인가를 염두에 두어야 한다.

● 좌변기

이동식(바퀴가 있는 것): 집안 이동에 용이하여 목욕 등의 다목적 이용도가 높다.

● 소변 용기

콘돔형: 외출과 취침 시 편리하며 소독해서 여러 번 사용할 수 있다.

(3) 간단한 물리 치료(3장 장애 발생에서 재활까지 참고)

① 환자나 가족들이 간단한 관절 운동을 배워 할 수 있도록 한다.

② 전문인이 아닌 사람들의 치료는 금물이다. 환자의 상태에 따라

다르지만 잘못하여 뼈가 부러질 수도 있다.

③ 꾸준하고 계속적인 관절과 기타 운동으로 관절의 굳음을 방지해야 한다.

(4) 직업과 취미활동

① 척수장애인은 재활이 되면, 서고 걷지 못할 뿐 비장애인보다 잘 할 수 있는 일들도 있어 국가와 사업체에서 해 줄 때까지 기다리기보다는 잔존 능력에 맞는 간단한 일을 찾아보도록 함께 노력한다.

② 문학, 음악(악기), 종교, 사회단체 등을 주위에서 찾아 참여한다 (척수 모임, 복지관에 문의, 상담한다).

8) 환자의 심리와 고통 그리고 간병인의 자세

— 환자의 고통을 이해하려고 노력해야 한다. 척수 환자들의 개인 차이는 있지만 무척 심한 경우가 많다.

— 간병인의 어려움은 있겠지만 환자에게 어려움을 노출시키면 고통만 가중시킬 수 있다.

— 사람에게 10이란 고통의 한계가 있다면 환자마다 차이가 있음을 알아야 한다. 어떤 환자가 5정도에서 '이 세상에서 이보다 더한 고통은 없다'고 생각한다면 그 사람은 10이란 한계를 5에서 느끼게 될 수 있으므로 고통을 타인과 비교하지 않는다.

— 간병인도 환자 이상으로 경우에 따라 힘들어하고 있음을 항상 염두에 두어, 환자도 간병인을 이해하고 협조하면 환자의 고통

도 덜어짐을 경험할 수 있다.

― 신경 손상으로 인한 고통은 이루 다 말할 수 없다. 그렇다고
환자가 신경질을 자주 부린다면 환자 자신에게 돌아가는 고통
만 가중된다.

― 간병인은 환자가 호소하는 고통을 인정해 주어야 한다.

― 종교나 취미 등 작고 큰일을 생각하고, 실천해 보는 것이 고통
을 덜 수 있다.

― 자신의 처지를 받아들이고, 어렵지만 자기 생활을 충실히 한다.

― 환자의 억지와 잘못에 대해 부딪치기 전에 한발 물러서서 생각
할 시간과 여유를 주면, 환자도 자신의 잘못과 죄송한 마음을
갖게 된다. 환자도 바로 잘못을 시인하는 사과에 인색하지 말
아야 한다.

9) 합병증

(1) 경련성

경직은 척수 손상 환자에게 나타나는 가장 일반적인 신경학적 증
상이다.

― 수동적인 움직임에 대한 저항력의 증가
  예) 팔다리를 밀거나 당길 때 근육의 긴장이 증가되는 경우
― 증가되는 건반사
  예) 무릎을 가볍게 건드릴 때 무릎이 튀어 오르는 것
― 불수의적인 반사와 경련성 운동

예) 불수의적으로 발목이 떠는 것 등(경직은 엄밀히 말해서 합병증은 아니다)

● 경직의 문제

어떤 기능적인 일을 할 때 도움이 되는 것도 있지만, 활동을 못할 정도라든가 관절 구축이나 피부 문제를 야기할 수 있다.

● 경직의 치료

약물 치료와 좀 더 강력한 방법이 있다. 이러한 치료는 의사의 지시에 의해서 이루어진다.

● 경직의 예방

매일 관절의 신장 운동을 하는 것이 중요하다.

(2) 기립성 저혈압

기립 자세나 자세의 변화에 대한 조절 능력의 장애로 생기는 것.

● 증상: 현기증, 두통, 졸도, 발한, 구역질, 빈맥, 창백함 등이 있다.

● 예방과 치료: 압박성 스타킹이나 복대를 사용한다. 조기 기립 자세와 점진적으로 자주 세움으로써 수직 자세에 대한 순환계 반응과 내성을 키워 준다.

(3) 혈전성 정맥염

척수손상 환자에게 가장 심각한 합병증에 포함된다.

● 증상: 낮은 체온과 동반된 하지의 부종(붓는 것)

● 예방과 치료: 다리를 올리고, 환자의 자세를 자주 바꿔주며 가능한 움직이고 규칙적인 운동을 한다. 안정하며 다리를 올려주고, 물리적인 치료와 의사의 지시에 의한 항응고제의 약물요법을 한다.

(4) 이소성 골화증

관절 부근의 연조직, 근육, 가끔은 엉덩이에 석회화가 생기는 것.

● 증상: 부기와 각종 염증으로 관절 가동 범위에 제한이 오는 것.

● 예방과 치료: 휴식을 취하며 부드러운 수동적 관절 운동을 한다.

(5) 골절

뼈가 약해지고 단단하지 않고, 쉽게 골절된다.

● 증상: 골절된 팔다리가 붓고, 통증이 있고, 열나고, 피부색이 변하고, 이상 형태가 된다.

● 예방과 치료: 안정을 취하며 즉시 의사에 보인다. 이상이 보이는 팔, 다리를 움직이지 말며 마사지, 운동을 하지 말고 약간 올려놓는다.

(6) 호흡 재활

모든 사지 마비와 대부분의 하반신 마비는 어느 정도 호흡 부전
(곤란)을 갖고 있다.

— 충분한 폐활량을 유지하고, 합병증을 조기에 발견하여 신속한
  치료를 한다.
— 담배를 끊어야 하며, 감기 걸린 사람과의 접촉은 되도록 피한다.
— 감기나 가래가 축적된 경우 수분 섭취량을 하루에 2.5~3.0L
  정도로 많이 하고 가습기를 사용한다.

(7) 호흡계 합병증 예방

● 수분 섭취를 충분히 하여 기관 내의 분비물을 묽게 하여 폐로
부터 분비물이 나오기 쉽게 한다.

● 습기: 가습기의 사용으로 실내의 습기를 유지하여 기관지 내의
분비물을 건조하게 하는 것을 예방한다.

● 체위 변경: 체위 변경을 자주하여 폐로부터 분비물이 흘러나오
는 것을 쉽게 하여 주고 감염을 예방한다.

● 호흡 운동: 매일 아침 심호흡과 기침으로 환자 스스로 고였던
가래를 뱉어낸다. 매일 여러 번 짧은 시간 동안 심호흡하는 습관을
갖도록 한다.

10) 관련 단체

컴퓨터 검색만으로도 찾을 수 있다.

5. 뇌성마비

뇌성마비가 지체장애인들 가운데 많은 부분을 차지하고 있으나 발생률을 줄일 수 있고, 조기 진단과 치료로 뇌성마비아를 도울 수 있다.

1) 정의

뇌성마비는 뇌가 미성숙한 시기에 뇌 손상이나 뇌의 발육 이상으로 생겨나는 기능 장애로서 그 장애 상태는 다양하며, 대개의 경우 공통된 점은 중추신경계의 이상으로 정상 발육이 안 되며 특히 운동 기능에 장애가 오고, 인지적 손상과 감각 장애, 언어 장애, 시각 장애, 청각 장애 등을 동반할 수도 있으며 비진행성이다.

2) 원인

● 출산 전: 산모의 바이러스 감염(풍진), 약물 중독, 연탄가스 중독, 혈액형의 부조화

● 출산 시: 외상으로 인한 뇌출혈과 산소 결핍, 조산, 난산, 만산,

레쉬니한증후(드문 유전병)

● 출산 후: 사고나 외상으로 인한 뇌출혈, 납중독, 질병(뇌막염, 뇌염, 황달 등), 유아 학대(반복하여 흔들거나 때리는 등), 약물 남용

3) 증상

상당한 기간 동안 거의 아무 증상이 없거나 출생 시부터 심한 증상을 나타내기도 한다.

(1) 신체에 나타나는 증상
— 젖을 빠는 힘이 약하고 어렵다.
— 근육 조절 능력이 약하다.
— 목을 잘 가누지 못한다.
— 시각, 청각 장애를 동반하기도 한다.
— 근 위축, 경련 등이 있을 수 있다.

(2) 행동에 나타나는 증상
— 잘 보채고 놀란다.
— 이유 없이 경기를 자주 한다.
— 말이 늦고 주의가 산만하다.
— 지능이 떨어지기도 한다.

※ 위의 증상을 근거로 조기 상담과 진단을 받고 조기 치료, 교육을 받

게 되면 크게 향상될 수 있다.

4) 조기 발견법

(1) 조기 발견의 중요성
① 장애를 줄일 수 있다.
② 일찍 치료함으로써 사회생활에, 보다 잘 적응할 수 있다.

(2) 방법
① 전문 병원(재활의학과), 기관에 상담하고
② 치료와 적절한 조치를 받는다.

※예전과 달리 뇌성마비 재활서비스와 생활 환경이 나아지고 있어 활동량이 많아지고 있다. 이는 경추 협착으로 인해 전신마비 장애로 발전할 수 있다. 평소 무리한 자세와 과격한 일과 운동으로 경추와 고관절 및 기타 관절에 무리를 주어 제2차 중복장애로 생활이 어렵게 될 수 있어 조심해야 한다. 아울러 국가는 뇌성마비 장애인들의 정기적인 경수 무료 점검과 수술을 지원할 필요가 있다.

5) 치료와 상담

치료는 보조 장구, 약, 물리 치료, 작업 치료, 언어 치료, 항경련제와 간질 예방을 위한 약물 치료, 특별한 경우 수술을 할 수 있으며, 장애로 인한 기능, 감각, 신체에 따른 생활적, 정서적, 사회적인 문제점을 상담할 수 있다.

● 전문 치료 병원: 각 지역 종합병원(재활의학과, 재활병원)
● 전문 기관: 한국뇌성마비복지회, 서울시립뇌성마비종합복지관
— 주소: 서울특별시 강서구
— 의료 재활: 조기 발견, 장애 진단, 물리·작업·언어 치료, 보장
구 처방 및 장착 훈련, 의료 상담, 예방 사업
— 교육 재활: 영·유아 조기 교육(4세~7세 지체발달, 뇌성마비아 등)
— 사회 재활: 상담, 심리검사·치료, 부모 교육, 사회 적응 교육,
청소년 활동 지도(전국 뇌성마비 청소년 모임인 청우회 지도), 오뚜
기글방 운영(교육의 기회를 놓친 뇌성마비 청소년들에게 초등·중등
과정 교육과 검정고시 준비 지도), 장학 사업, 오뚜기축제 및 여름
캠프, 전국뇌성마비인 보치아 경기 대회·축구 대회, 생활보호
지원 사업, 장학업, 무료 지방 순회 진료, 치과 진료
— 직업 재활: 직업 상담, 직업 훈련(도예, 공예, 직조), 컴퓨터 교실,
취업 알선과 사후 지도
— 전문인 지도 육성: 자원봉사 교육 훈련, 관련학과 학생 실습 교육

※ 기관 이용 방법
서신, 전화, 내방 또는 가정방문을 통하여 상담한 후 치료, 교육, 재활
서비스를 받을 수 있음(이용 시간: 평일 오전~오후)

6) 예방

① 임신 전 충분한 영양 섭취와 운동, 풍진에 대한 검사 예방접종을 늦어도 임신 3개월 전에 해야 한다.
② 임신 중 정기적으로 2회 이상 검사, 영양 섭취, 휴식, 금연을 하고 의사 처방이 없는 약의 복용을 금하고, 감기 등 바이러스 감염에 조심해야 한다.
③ 출산은 병원과 조산원에서 하는 것이 안전하다.
④ 유아의 납중독, 교통사고, 사고나 외상에 주의하며 예방접종을 잘해야 한다.

7) 근 강직과 재활

뇌졸중(중풍), 뇌손상, 뇌성마비 등에서 나타나는 신체 일부 근육이 뒤틀리거나 마비되는 근육 긴장으로 일상생활을 스스로 하기에 불편함을 갖게 된다. 이러한 불편함을 줄이거나 없애기 위하여 재활치료를 진행함에 있어 연축이나 강직으로 재활치료가 불가능하게 되었을 때 보틀리눔 주사를 환부에 주사하여 강직을 이완시켜 주어 재활치료를 반복하여 치료해 줌으로서 보다 높은 재활 효과와 근육이 굳는 것을 막을 수 있다.

● 전문 상담
각 대학병원

우리 민족의 우수성은 여러 분야에서 21세기에 들어오면서 표출되고 있다. 어릴 적 자주 듣던 기초과학 분야가 중요하다는 것은 성공과 직접적인 관련이 없는 것으로 알고 살았다. 중증 장애를 가져서야 알게 되어 부끄럽다.

30년 동안 발목 밀기와 뻗기 동작으로 마비된 팔다리 등이 회복되는 이유를 카이스트 생명공학과 김은준 교수님의 '시냅스' 연구로 해소되었다. 세상에! 이런 분들이 기초과학을 하고 계셔서 얼마나 고맙고, 감사한지 모른다.

뇌에 1,000억 개의 신경세포가 있고, 세포 안에 시냅스가 있는데 또 그 안에 1,000여 개가 또 있어 우리 뇌에 100조 개가 있다고 한다. 경이롭기까지 한 뇌의 구조를 밝히고 연구하는 시냅스에 대한 세계적인 권위자가 우리나라에 계시다니 얼마나 영광스러운 일인가. 시냅스를 연구하는 학자들이 전 세계 수만 명이 있다고 하는데 나에겐 김 교수님은 경이 그 자체다. 뇌 연구가 불치라 여겨진 질병들을 정복해 건강하게 살아갈 수 있게 하기 때문이다.

태양계를 넘어 먼 우주를 연구하는 과학자들보다 인간에게 꼭 필요한 연구를 하시는 교수님을 통해 깨닫게 된다. 중증의 장애인이 되어서야 기초과학을 하시는 분들이 왜 필요한지를 비로소 알게 되었고, 시냅스 연구자들이 수만이라는데 우리나라엔 얼마나 되고 지원은 잘되고 있는지 궁금하다.

우리나라도 공식적으로 세계 선진국이 되었다. 노벨상은 많은 부문이 있는데 노벨평화상 하나라니 부끄러워진다. 기초과학이 얼마나 중요한지에 대해 우리 정부는 어느 정도 절감하고 있는지 계획과 지원은 잘되고 있는지 묻고 싶다. 지금부터 노벨상을 타기 위해서가 아니라 살아가는데 가장 근본이 되는 기초과학 분야에 관심을 갖고 지원과 시스템을 갖추는데 우리 모두 힘써야 한다.

30년의 의문을 기초과학 분야, 특히 뇌과학자들이 한순간에 풀어주었다. 이들이 연구에 매진하고 수고한 노력으로 장애 복지의 새로운 지평이 열린 것이다. 험난한 장애 복지의 길에 희망이 되어준 카이스트 생명공학과 연구자 모든 분께 존경과 감사를 드린다.

아울러 새로운 학문적 지지와 함께 일상 경험으로 얻어진 많은 경험을 통하여 알게 된 것들을 누구나 쉽게 검증할 수 있는 구조와 지원으로 협력할 때 미래 사회의 주역 국가로 나아갈 수 있다.

전문성과 자격만을 앞세워 자신들의 이익에 우선한다면 세계 제일의 미래를 선도할 수 없다.

누구에게나 최선의 노력을 하면, 기회를 얻을 수 있는 사회가 되기를 기도하고 있다.